Bibliografische Information der Deutschen Nationalbibliothek:

Die Deutsche Bibliothek verzeichnet diese Publikation in der Deutschen National-
bibliografie; detaillierte bibliografische Daten sind im Internet über http://dnb.d-
nb.de/ abrufbar.

Impressum:

Copyright © 2002 GRIN Verlag, Open Publishing GmbH
Druck und Bindung: Books on Demand GmbH, Norderstedt Germany
ISBN: 9783638639606

Dieses Buch bei GRIN:

http://www.grin.com/de/e-book/6769/zur-attraktivitaet-des-gesichts-als-partner-
wahlmotiv

Isabel Ebber

Zur Attraktivität des Gesichts als Partnerwahlmotiv

GRIN Verlag

GRIN - Your knowledge has value

Der GRIN Verlag publiziert seit 1998 wissenschaftliche Arbeiten von Studenten, Hochschullehrern und anderen Akademikern als eBook und gedrucktes Buch. Die Verlagswebsite www.grin.com ist die ideale Plattform zur Veröffentlichung von Hausarbeiten, Abschlussarbeiten, wissenschaftlichen Aufsätzen, Dissertationen und Fachbüchern.

Besuchen Sie uns im Internet:

http://www.grin.com/

http://www.facebook.com/grincom

http://www.twitter.com/grin_com

Zur Attraktivität des Gesichts als Partnerwahlmotiv

von

Isabel Ebber

Universität Essen
Wintersemester 2001/2002
Fachbereich 2 – Unterrichtsfach Pädagogik
Veranstaltung: Hauptstufenseminar
              Psychologie der Partnerbeziehung
Kategorie   : Hausarbeit im Hauptstudium

Zur

Attraktivität

des Gesichts
als

Partnerwahlmotiv.

Isabel Ebber

Inhaltsverzeichnis.

Zum Geleit.

Warum erfolgt in dieser Arbeit die Spezialisierung auf das Gesicht als die Partnerwahl beeinflussende Variable? Weil das Gesicht in seiner Form und Oberfläche, sowie in seinen mimischen Veränderungen bei der Wahrnehmung und Wiedererkennung einer Person, seiner charakterlichen Einschätzung und Sympathiebewertung einen Fixierungspunkt darstellt[1], kann man schlussfolgern, dass es bei der Partnerwahl eine wesentliche Rolle spielt.

Den Einfluss von Gesichtsproportionen auf die Zuordnung von positiven und negativen Charaktereigenschaften belegt bereits eine frühe empirische Untersuchung von **Brunswik** aus dem Jahr 1934.[2] Das Gesicht als Informationsquelle für Verhalten ist damit Objekt der Bewertung und daher Objekt der Selektion. Dass Attraktivität für die Partnerwahl eine große Rolle spielt, wobei physische Merkmale eher die Attraktivität einer Frau ausmachen und beruflicher und sozialer Status eher die Attraktivität eines Mannes, haben etliche Studien nachgewiesen.[3] Beispielsweise präferieren in der Studie von **Franzen und Hartmann** 44, 5 % der männlichen und 34, 6 % der weiblichen Befragten von insgesamt 490 Befragten eine physisch attraktive Partnerin, einen physisch attraktiven Partner. Gleichsam präferieren 53 % der Frauen und vergleichsweise nur 30,1 % der Männer eine gute berufliche Stellung.[4]

Die theoretische Basis von Attraktivitätsstudien besteht in der sozialbiologischen Hypothese, die Wahl eines Partners sei genetisch programmiert durch das (un)bewusste Ziel bestimmt, den Reproduktionserfolg zu maximieren. Schlussfolgernd sind Attraktivitätsmerkmale Reproduktionserfolg versprechende Merkmale. Schlussfolgernd ist Attraktivität ein Selektionskriterium. Im Schwerpunkt werden diese sozialbiologischen Zusammenhänge aus der Evolutionsforschung in dieser Arbeit neben der Frage, was ein Gesicht attraktiv macht, erörtert. Dabei wird geschlechtsspezifisch nach Unterschieden und Gemeinsamkeiten differenziert. Attraktivitätsvergleichstudien fußen auf der Grundlage von per Computertechnik manipulierten hoch standardisierten Photos als Stimulusmaterial.

Da der Forschungsbereich weniger theorie- und mehr empiriebestimmt ist, spielen die unterschiedlichen Forschungsmethoden und ihre kritische Qualitätsbetrachtung eine größere Rolle. Die sich durch methodisch sorgfältige Überprüfungen aller aktuell forschungsrelevanten Hypothesen auszeichnende deutsche Beautycheckstudie bildet dabei das empirische Fundament dieser Arbeit.

---

[1] Vgl. Ellis, H. D.: Recognizing faces. In: British Journal of Psychology. 1975. Vol. 66. S. 409 bis S. 426.
[2] Brunswik, E.: Wahrnehmung und Gegenstandswelt. Leipzig/Wien 1934. S. 221.
[3] Vgl. Rowatt, W. C. / Cunningham, M. R. / Druen, P. B.: Lying to get a date: The effect of facial attractiveness on the willingness to deceive prospective dating partners.
In: Journal of social and personal relationships. 1999. Vol. 16. Heft 2. S. 209 bis S. 225.
Vgl. Tooke, W./Camire, L.: Patterns of deception in intersexual and intrasexual mating strategies.
In: Ethology and Sociobiology. Vol. 12. S. 345 bis S. 364.
Vgl. Franzen, A./Hartmann, J.: Die Partnerwahl zwischen Wunsch und Wirklichkeit:
Eine empirische Studie zum Austausch von physischer Attraktivität und sozialem Status. In: Klein, T. (Hg.): Partnerwahl und Heiratsmuster. Sozialstrukturelle Voraussetzungen der Liebe. Opladen 2001. S. 183 bis S. 206.
[4] Vgl. Ebd. S. 186 bis S. 188.

Zum Begriff Attraktivität, seinen Verwandtschaftsbeziehungen und diesbezüglicher Relevanz für die Partnerwahl.

Westerbarkey beschreibt den Begriff „Attraktivität" und seine Attribute wie folgt:

> ❖ *„Unter Attraktivität wird hier keineswegs Schönheit verstanden, sondern Anziehungskraft, die nicht selten aus Kommunikationsangeboten resultiert und oft maßgeblich dazu beiträgt, dass Kommunikation zustande kommt. Außerdem wird unterstellt, dass Attraktivität weniger eine objektive Qualität ist als eine zugeschriebene, nämlich eine subjektive Bewertung bestimmter Eigenschaften, die jemand für mich anziehend machen. Motivational macht sich Anziehungskraft in Neugier, Annäherungs- und Kontaktwünschen, in Interesse und Besitzansprüchen bemerkbar: Attraktive sind so beschaffen, dass sie für mindestens einen anderen reizvoll und begehrenswert sind. "*
>
> ❖ *„Attraktive Attribute kann man auf verschiedenen Ebenen zuschreiben, sie können körperliche, seelisch-geistige oder soziale Merkmale betreffen. "[5]*

Dass die Attraktivität des Gesichts doch entgegen der Meinung von Westerbarkey objektiven Kriterien unterliegt, wird in dieser Arbeit herausgearbeitet. **Henss** von der Universität Saarbrücken untersucht empirisch den Zusammenhang zwischen Attraktivität, Schönheit, sexueller Anziehung und Sympathie.

> ❖ *In Experiment 1 ordnen 110 bei 55 weiblichen Probanden 18 unstandardisierte Photos in gleichem Geschlechteranteil mit Kopf und Schulteransatz nach den 4 Eigenschaften als im Merkmal wachsende Rangfolge.*
>
> ❖ *In Experiment 2 bewerten 192 bei 96 weiblichen Probanden 32 Männer oder 32 Frauenphotos per 9-stufiger Ratingskala nach Attraktivitätsniveau und ordnen im Anschluss die restlichen Merkmale manuell nach Rangfolge.[6]*

Die Analyse der Korrelationen zwischen je zwei Rangordnungen und die Skalen-Interkorrelationen sind für das Konzept Sympathie hoch, für die drei anderen sehr hoch.

Bei nicht signifikanten Geschlechtseffekten kann man folgende Analogien ableiten:

> ❖ *„Attraktivität, Schönheit und sexuelle Anziehung sind – aus der Sicht der Individuen – praktisch dasselbe. [...]*

---

[5] Westerbarkey, J.: Medienmenschen. Publizistische Komponenten personaler Attraktivität.
In: Communications. 1995. Vol. 20. Heft 1. S. 26.
[6] Vgl. Henns, R.: Geschlecht, Alter und physische Attraktivität. Zur Urteilerübereinstimmung bei Attraktivitätseinschätzungen.
Saarbrücken 1992. (=Arbeiten der Fachrichtung Psychologie. Universität des Saarlandes, 163). S. 249 bis S. 252.

> ❖ *Wer attraktiv (schön/sexuell anziehend) ist, ist im großen und ganzen auch sympathisch.* "[7]

Die Konkordanzanalyse der Rangordnungen und der Attraktivitätsrankings zeigt ausgeprägte Konsensmaße.[8] Diese Urteilerübereinstimmung unterstützt die evolutionsbiologische Hypothese, das Standardvorstellungen über Attraktivität genetisch programmiert sind.

Die 4 Konzepte, geltend als Eignungskriterien und Präferenzkriterien für die Partnerwahl, lassen im Falle eines hohen Attraktivitätsniveaus auf einen Vorteilsbonus auf dem Markt der Partnerwahl schließen, denn wer attraktiv ist, ist dann auch schön, sexy und sympathisch.

(I I I)
Zum Forschungsbereich „facial attractiveness", seinen Repräsentanten und historischen Wurzeln.

Über das Gesicht und seine Aussagekraft gibt es etliche alltagsphilosophische Überlegungen[9] und folgende historische Wurzeln heutiger wissenschaftlicher Forschung.

> ❖ *__Giovanni Battista Della Porta__ publiziert 1586 das Buch "De humana physiognomia" und behauptet darin, dass ein Vergleich zwischen Tier und Menschenköpfen Erkenntnisse über den menschlichen Charakter liefere. __Johann Caspar Lavater__ leitet im 18. Jahrhundert Charakterzüge aus Gesichtszügen ab. 1872 erscheint mit __Darwins__ Buch „Der Ausdruck der Gemütsbewegungen bei den Menschen und den Thieren"[10] die erste wissenschaftliche Analyse. Darin vertritt er die für die Evolutionstheorie Grundstein setzende Hypothese, Ausdrucksbewegungen des Gesichtes seien im hohen Maße universell und würden Anpassungsleistungen aus überlebensstrategischer Notwendigkeit darstellen. __Eibl-Eibesfeldt__[11] filmt in allen 5 Kontinenten Gesichtsverhalten und __Ekman__[12] von der University of California lässt neuguineanische Probanden Gefühlszustände von amerikanischen Gesichern auf Photos interpretieren und umgekehrt. Beide Forscher kristallisieren eine hohe Analogie im Gesichtsverhalten und seiner Interpretation heraus, was die darwinsche Hypothese unterstützt, dass motorische Muster des Gesichtes angeboren und Resultat*

> *universeller evolutionärer Entwicklung ist. Neben der Physiognomie etabliert sich die*

[7] Vgl. Ebd. S. 281 bis S. 282.
[8] Vgl. Ebd. S. 297 bis S. 301.
[9] Siehe Anhang: Gedanken zur Aussagekraft des Gesichtes.
[10] Vgl. Darwin, C.: Der Ausdruck der Gefühle bei Mensch und Tier. Düsseldorf 1964.
[11] Vgl. Eibl-Eibesfeldt, I.: Liebe und Hass. Zur Naturgeschichte elementarer Verhaltensweisen. 12. Auflage. München 1985.
[12] Vgl. Ekman, P.: The face of man: Expressions of universal emotions in a new Guinea village. New York.

> *Phrenologie, die aus Schädelformen bestimmte geistige Veranlagungen zu schließen meinte.[13] Die Nutzbarmachung dieser Schädelmaßirrlehren für den Faschismus ist bekannt.*

Der Bereich „facial attractiveness" ist ein Ableger der physiognomischen Forschung, charakterisiert durch die Nutzung ihrer evolutionsbiologischen Theorien.

Empirische Arbeiten dazu sind im Schwerpunkt in den 90er-Jahren mehrheitlich in psychologischen Fachbereichen entstanden. In Deutschland ist der Forschungsbereich unterrepräsentiert. Bekanntheitsgrad als deutscher Forscher hat **Henns** mit etlichen Publikationen über Attraktivitätskriterien und Partnerwahl, erlangt.[14] In englischsprachigen psychologischen Fachzeitschriften findet man eine Fülle von empirischen Untersuchungen mit im großen und ganzen 4 Forschungsschwerpunkten: Studien über die Beeinflussung des Attraktivitätsurteils durch die **Gesichtssymmetrie** liefern unter anderem Friedenberg[15], German, Mealey und Bridgstock, Perret, Burt, Penton-Voak et.al., Rhodes, Yoshikawa, Clark et. al., Grammer und Thornhill, Gangestad und Simpson. Studien über potentielle Attraktivitätsvorteile von **Durchschnittsgesichtern** liefern Langlois und Roggmann, Perret, Lee, Penton-Voak et. al., Rhodes und Tremewan, Rhodes, Yoshikawa, Clark et. al. und Thornhill. Den Einfluss von niedrigen und hohen **Kindchenanteilen** überprüfen Lee, Penton-Voak et. al., Jones und Perret. Attraktivitätsunterschiede zwischen **alten und jungen Gesichtern** erforschen Mc Kelvie, Mc Lellan und Henns.

(I V)
Zu Attraktivitätskriterien, ihrer Entstehung und ihren Einfluss auf die Partnerwahl.

Empirisch mehrfach nachgewiesen und bei den meisten methodischen Konzeptionen von Photovergleichen durch variierenden Links-rechts-Positionierungen berücksichtigt ist:

> ❖ *„Generalizing to normal face-to-face-interactions, what the observer sees in the owner's right facial side (the side ipsilateral to the right hand) is seen in the observer's left visual space, and processed initially in the right, face-specialized hemisphere."[16]*

Dass der neurophysiologische Verarbeitungsprozess bei visueller Linksorientierung auch dazu führt, dass die rechte Gesichtshälfte attraktiver empfunden wird, haben neben **Chen, German und Zaidel** auch **Burt und Perret**[17] nachgewiesen, indem sie Gesichter in der

---

[13] Vgl. Landau, T.: Von Angesicht zu Angesicht. Was Gesichter verraten und was sie verbergen. Hamburg 1995. S. 153 bis S. 178.
[14] Vgl. Ronald Henns: Publications. Online unter: http://www.uni-saarland.de/fak5/ronald/Publicat/Publicat.htm
[15] Anmerkung: Die Literatur zu den im folgenden aufgezählten Wissenschaftlern ist im Literaturverzeichnis angegeben.
[16] Chen, A.C./German, C./Zaidel, D.W.: Brain asymmetry and facial attractiveness: Facial beauty is not simply in the eye of the beholder. In: Neuropsychologia. 1997. Vol. 35. Heft 4. S. 473.
[17] Burt, D.M./Perret, D.I: Perceptual asymmetries in judgements of facial attractiveness, age, gender speech, and expression.

Position varrierend aus Gesichtshälften mit attraktiven und kontrastär weniger attraktiven Gesichtszügen konstruierten, jedoch unabhängig davon die rechten Gesichtshälften als attraktiver bewertet wurden. Die Basis der Attraktivitätsforschung besteht im Zusammenspiel der lerntheoretischen und der evolutions- bzw. sozialbiologischen Theorie, welche folgende Merkmale als Reize für angeborene Auslösemechanismen benennt:

> ❖ *„Anzeichen für besondere Überlebensqualitäten (Kraft, Dynamik, Ausdauer; also „Fitness" im engeren Sinne),*
>
> ❖ *Anzeichen für Arterhaltungsqualitäten (sekundäre Geschlechtsmerkmale, Gesäß, Schultern),*
>
> ❖ *Anzeichen für Harmlosigkeit und Schutzbedürftigkeit („Kindchen-Schema") und*
>
> ❖ *Anzeichen für Aufmerksamkeit („Augenschema" als Blickfang). "[18]*

Schlussfolgernd impliziert die Theorie zum einen eine universelle Urteilerübereinstimmungsbasis, zum anderen einen durch das Ausselektieren von nicht reproduktionsfähigen und -schwachen Merkmalen charakterisierten Selektionsprozess. Daraus folgt, dass sich in Gesichtern „[...] die in der Evolution entstandenen Partnerwahlkriterien widerspiegeln."[19] Experimente, die belegen, dass die Blicke von Babys länger auf attraktiveren Gesichtern verharren, bestätigen die Evolutionstheorie.[20] Diese muss jedoch mit einschränkender Geltung in ergänzender Kombination mit der kulturellen Lerntheorie herangezogen werden, da sich einige Präferenzen nur als kulturell entwickelte erklären lassen:

> ❖ *„Auf der Suche nach Besonderheiten von Attraktivität stößt man beispielsweise darauf, dass Dicke einst überall attraktiv waren, [...] und dass in manchen Kulturen Üppigkeit immer noch als gesund gilt, während in modernen Überflussgesellschaften schlanke Frauen favorisiert werden. "[21]*

Mealey, Bridgstock und Townsend von der University of Queensland erörtern in Bezug auf Wirkung und Entstehung von sexuellen Geschlechtsmerkmalen des Gesichtes:

> ❖ *„One variable that seems to play an important part in the perception of attractiveness is the development of secondary sexual characteristics of the face; these features increase in size at sexual maturity under the proximate influence of androgens and*

In: Neuropsychologia. Vol. 35. S. 685 bis S. 693.
[18] Westerbakey, J.: Medienmenschen. Publizistische Komponenten personaler Attraktivität.
In: Communications. 1995. Vol. 20. Heft 1. S. 27.
[19] Landau, T.: Von Angesicht zu Angesicht. Was Gesichter verraten und was sie verbergen. Hamburg 1995. S. 359.
[20] Vgl. Langlois, J. H. Infant preferences for attractive faces: Rudiments of a stereotype?
In: Developmental Psychology. 1987. Vol. 23. S. 363 bis S. 169.
Vgl. Rubenstein, A.J./Kalakanis, L./Langlois, J.H.: Infant preferences for attractive faces: A cognitive explanation?
In: Developmental Psychology. 1999. Vol. 15. S. 848 bis S. 855.
[21] Vgl. Westerbakey, J.: Medienmenschen. Publizistische Komponenten personaler Attraktivität.
In: Communications. 1995. Vol. 20. Heft 1. S. 28

estrogens, the relative proportions of which are sex-specific at puberty. [...] facial secondary sexual characteristics may be designed to advertise the phenotypic and genotypic quality. "[22]

Thornhill und Gangestad[23] finden heraus, dass hohe Testosteronlevel in der Pubertät männlicher Personen zur Ausprägung von männlichen Gesichtszügen wie einer breiteren oberen Gesichtshälfte im Verhältnis zur unteren, sowie einem ausgeprägten Kiefer führen. **Symons**[24] findet heraus, dass hohe Östrogenlevel in der Pubertät weiblicher Personen zur Ausprägung von bei Frauen bevorzugtem Merkmal des Kindchenschemas wie ein kleines Kinn und kontrastär dazu einem ausgeprägteren Mund, führen. **Alexander und Stimson,**[25] **Folstad und Karter,**[26] **sowie Wedekind**[27] finden heraus, dass hohe Testosteronlevel das Immunsystem angreifen, was auf eine starke Korrelation zwischen ausgeprägten sexuellen Gesichtsmerkmalen und der Qualität des Immunsystems schließen lässt. Die Schlussfolgerung aus diesen Ergebnissen gründet in die „parasite theory of sexual selection".

❖ *„Only healthy individuals can afford the high testosterone handicap on the immune system that is necessary for the maximal development of secondary sexual characteristics such as enlarged jaws, cheekbones, and chins may thus advertise immunocompetence. This may be one reason why individuals with these characteristics are more likely to be seen as attractive by potential mates. "[28]*

Dass männliche Personen mit stark ausgeprägten sexuellen Merkmalen im Gesicht früher sexuelle Kontakte haben, wie **Mazur, Halpern und Udry**[29] empirisch belegen, unterstützt diese Hypothese. Die Präferenz optisch ablesbarer Widerstandskraft ist in der weiblich intendierten Produktion genetisch gesunden, widerstandskräftigen Nachwuchses begründet:

❖ *„Individuals with low resistance to infection are less able than others to invest energy in the production of offspring, more likely to produce genetically poor (low-resistance) offspring, and more likely to spread disease to their offspring and mates. "[30]*

[22] Mealey, L./Bridgstock, B./Townsend, G.C.: Symmetry and perceived facial attractiveness: A monozygotic co-twin-comparison.
      In: Journal of personality and social psychology. 1999. Vol. 76. Heft 1. S. 151.
[23] Thornhill, R./Gangestad, S. W.: The evolution of human sexuality.
      In: Trends in ecology and evolution. 1996.Vol. 11. S. 98 bis S. 102.
[24] Symons, D.: Beauty is in the adaptions of the beholder: The evolutionary psychology of human female sexual attractiveness.
      In: Abramson, P.R./Pinkerton, S.D. (Hg.): Sexual nature/Sexual culture. Chicago 1995. S. 80 bis S. 118.
[25] Alexander, J./Stimson, W.H.: Sex hormones and the course of parasitic infection.
      In: Parasitology Today.1988. Heft 4. S. 189 bis S. 193.
[26] Folstad, L./ Karter, A. J. Parasites, bright males, and the immunocompetence handicap.
      In: American Naturalist. 1992. Vol. 132. S. 603 bis S. 622.
[27] Wedekind, C. Detailed information about parasites revealed by sexual ornamentation.
      In: Proceedings of the royal society of London. 1992. Vol. 247. S. 169 bis S. 174.
[28] Mealey, L./Bridgstock, B./Townsend, G.C.: Symmetry and perceived facial attractiveness: A monozygotic co-twin-comparison.
      In: Journal of personality and social psychology. 1999. Vol. 76. Heft 1. S. 151.
[29] Mazur, A./Halpern, C./ Udry, J.R.: Dominant-looking male teenagers copulate earlier.
      In: Ethology and Sociobiology. 1994. Vol. 15. S. 87 bis S. 94.
[30] Mealey, L./Bridgstock, B./Townsend, G.C.: Symmetry and perceived facial attractiveness: A monozygotic co-twin-comparison.
      In: Journal of personality and social psychology. 1999. Vol. 76. Heft 1. S. 151.

Zur ursächlichen Präferenz symmetrischer Gesichter erörtert **Friedenberg**:

❖ *"A popular explanation for this is that symmetry signals resistance to parasitic infection (Thornhill & Gangestad, 1993[31]; Grammer & Thornhill, 1994[32]). In this account, infections discrupt the body's normal symmetrical growth. Sexual selection of a symmetric and therefore immunocompetent partner helps to ensure fit offspring."*

Die Bevorzugung von jüngeren Frauen und Kindchenschemaanteilen durch Männer interpretiert **Goway**[33] als patriarchalisches Präferenzkriterium, da Jugendlichkeit dem Mann die Möglichkeit signalisiert, patriarchalisch angepasst die Frau zu dominieren. Der nachgewiesene Auslösemechanismus des Kindchenschemas beim Baby durch sein Schutzbedürftigkeitssignal stützt die Hypothese. Hier muss die Gegenhypothese angeführt werden, dass hohe Kindchenanteile geringen Fortpflanzungserfolg signalisieren. Die Beautycheckstudie zeigt auf, dass eine Kombination femininer Reife mit Zügen des Kindchenschemas als am attraktivsten gewertet wird. Dieses Ergebnis unterstützt beide Hypothesen mit Einschränkung. Die patriarchale Struktur kann auch als Erklärung dafür herangezogen werden, dass „[...] in most societies the physical beauty of the female receives more explicit consideration than does the handsomeness of the male. The attractiveness of the man usually depends predominantly upon his skills and prowess rather than upon his physical appearance."[34] Neben diesem auf die Fortpflanzungs- und Familienordnung rückführbaren geschlechtsspezifischen Kriterienunterschied ist der auf Reproduktionsbedingungen rückführbare Altersunterschied anzuführen. Während der Mann im späten Alter noch fortpflanzungsfähig ist, verliert die Frau und mit zunehmendem Alter ihre Fruchtbarkeit. Neben der Dominanzhypothese für die Bevorzugung eines jungen Gesichtes steht somit die Hypothese von der Bevorzugung wegen altersabhängiger Fortpflanzungsabhängigkeit.

(V)
Zum Einfluss von weiblicher und männlicher Attraktivität auf die Selbstpräsentation bei Aussicht einer Verabredung.

Rowatt,Cunningham und Druen von den Universitäten Baylor, Louisville und dem York College untersuchen das Vorhandensein von „Lying to get a date: The effect of facial attractiveness on the willingness to deceive prospective dating partners". Die Studie mit 81

---

[31] Thornhill, R./Gangestad, S. W.: Human facial beauty, averageness, symmetry, and parasite resistance. In: Human Nature. 1993. Heft 4. S. 237 bis S. 269.
[32] Grammer, K./Thornhill, R.: Human (homo sapiens) facial attractiveness and sexual selection: the role of symmetry and averageness. In: The Journal of Comparative Psychology. 1994 . Vol. 108. Heft 3. S. 233 bis S. 242.
[33] Gowaty, P.A.: Evolutionary biology and feminism. In: Human Nature. 1992. Heft 3. S. 231 bis S. 240.
[34] Ford, C.S./Beach, F.: Patterns of sexual behavior. New York 1951.

bei 41 weiblichen Collegestudenten/innen kombiniert eine Fragebogenaktion mit der Konfrontation von 4 gegengeschlechtlichen Gesichtern auf Photos, wobei zwei nach gesichtsmetrisch empirisch überprüften Kriterien als attraktiv gelten und zwei als wenig attraktiv. Dabei werten die Probanden in einer 7er-Ratingskala die Attraktivität der vier Gesichter, sowie den Wunsch nach einer Verabredung, um die sich imaginär wie bei Partnervermittlungsagenturen per schriftlich verfasstem Selbstportrait zu bemühen wäre.

> ❖ *"Participants also completed a questionnaire that asked them to report how much they would lie about their likes and dislikes to get a date with this person, and how much they would present their personal appearance, personality, income, past relationship outcomes, career skills and course grades differently than they really are to get a date with this person."*[35]

Die Auswertung der Fragebögen erbringt folgende prägnante Resultate:

> ❖ *Die Attraktivitätsurteile der Probanden stimmen mit den Attraktivitätskategorisierungen der Forscher nach gesichtmetrisch empirisch überprüften Kriterien überein.*
>
> ❖ *Die weiblichen wie männlichen Probanden bevorzugen eine Verabredung mit den attraktiveren Gesichtern auf den Photos, wobei die männlichen Probanden sich eine Verabredung mit den attraktiven weiblichen Personen intensiver wünschen als die weiblichen Probanden eine Verabredung mit den attraktiven männlichen Personen.*
>
> ❖ *Je attraktiver das auf dem Photo präsentierte Gesicht eingeschätzt wird, desto stärker ist die Tendenz ausgeprägt, bei der Selbstdarstellung zu lügen.*
>
> ❖ *Die weiblichen wie männlichen Probanden sind eher bereit, bei Aussicht einer Verabredung mit einer „more facially attractive" Person persönliche Eigenschaften wie „personal appearance, personality, income, past relationship outcomes, career skills and course grades" zu verfälschen als bei einer „less facially attractive" Person, wobei dabei die Probanden am ehesten gewillt sind, über die „physical appearance" zu lügen, wobei die männlichen Probanden marginal*
>
> ❖ *eher als die weiblichen Probanden gewillt sind, „career skills" und „course grades" mit einer Lüge zu besetzen.*
>
> ❖ *Die weiblichen wie männlichen Probanden sind eher bereit, eine „less facially attractive" Person über „course grades" zu belügen als über die eigene „physical appearance".*[36]

---

[35] Rowatt, W.C./Cunningham, M.R./Druen, P.B.: Lying to get a date: The effect of facial attractiveness on the willingness to deceive prospective dating partners. In: Journal of social and personal relationships. 1999. Vol. 16. Heft 2. S. 217.

[36] Vgl. ebd. S. 217 bis S. 218.

Die Forscher interpretieren die Tendenz, eher bei Aussicht eines Dates mit einer attraktiven Person zu lügen, und zwar in Bezug auf die körperliche Erscheinung - als Funktion für eine Ähnlichkeitserstellung. Die These von der Ähnlichkeitserstellung wird insbesondere durch den zuletzt angeführten Punkt gestützt. Auch kann man der Lüge hier die Funktion zuschreiben, im Bewusstsein einer hohen Konkurrenz um attraktive Personen die Chancen durch Eigenwerterhöhung zu optimieren. Die Tendenz der männlichen Probanden, eher den Bildungs- und Berufswert mit einer Lüge zu besetzen – wie auch **Tooke und Camire**[37] empirisch nachweisen, wobei diese gleichsam feststellen, dass Frauen verstärkt mit körperlichen Reizen als mit beruflichen Qualifikationen werben, bestätigt die These vom höheren männlichen Statusbewusstsein mit Blick auf die familiäre Versorgungsfähigkeit.

(VI)
Zum Einfluss von weiblicher und männlicher Attraktivität auf das Mienenspiel von Frauen.

Hazlett und Hoehn-Saric von der Johns Hopkins University untersuchen mit der Elektromyogrammtechnik (EMG), mit der Aktionsströme der Muskeln registriert werden, die „zygomatic activity" (muskuläre Aktivität im Bereich der Wangenknochen, z. B. durch lächeln) und die „corrugator activity" (muskuläre Aktivität im Bereich der Stirn, z. B. durch runzeln). Empirisch gestützt ist die Studie auf eine Vielzahl anderer[38], die belegen, „[...] that corrugator EMG activity varies inversely with the pleasantness (emotional valence) of presented stimuli and is positively related to reports of negative mood state, whereas zygomatic (smile) EMG activity has been found to be positively (albeit less strongly) associated with pleasant emotional stimuli and positive mood state."[39]

❖   *23 Frauen zwischen 21 und 46 Jahren mit nach Fragebogenresultat stabiler Persönlichkeitsstruktur betrachten mit im Gesicht platzierten EMG-Elektroden in der Attraktivität variierende Männer- und Frauengesichter über eine je 6-sekündige Diapräsentation. Neben der Bewertung des Attraktivitätsniveaus per 20er-Ratingskala sind die Probanden instruiert, ihre Gefühle zu registrieren und erreichte*

[37] Tooke, W./Camire, L.: Patterns of deception in intersexual and intrasexual mating strategies. In: Ethology and Sociobiology. Vol. 12. S. 345 bis S. 364.
[38] Vgl. Cacioppo, J.T./Petty, R.E./Losch,M.E./Kim,H.S.: Electromyographic activity over facial muscle regions can differentiate the valence and intensity of affective reactions. In: Journal of Personality and Social Psychology. 1986. Vol. 50. S. 260 bis S. 268. Vgl. Dimberg, U.: Facial reactions to facial expressions. In: Psychophysiology. 1982. Vol. 19. S. 643 bis S. 647.
[39] Hazlett, R. L./Hoehn-Saric, R.: Effects of perceived physical attractiveness on females' facial displays and affect. In: Evolution and Human Behavior. 2000. Vol. 21. Heft 1. S. 50.

> *Skalierungsdimensionen von Vergnügen (pleasure) und Aufregung (arousal) festzuhalten.*

Die Unwissenheit der Probanden über die Registrierung der Muskelströme mit Hilfe der Desinformation - die Elektroden würden die Schweißdrüsentätigkeit messen, gewährleistet den Schutz vor bewusster Manipulation nach Maßregeln sozialer Erwünschtheit.

❖ *„When these female subjects viewed same-sex stimuli, the more attractive targets evoked greater mean corrugator EMG and reported arousal; however, contrary to predictions, reported pleasure was not affected by perceptions of same-sex stimulus attractiveness. When the subjects viewed males, ratings of felt pleasure and arousal were greater in response to more attractive targets, and there was a trend for zygomatic activity to also be greater in response to more attractive male targets."*

Dass bei Betrachtung attraktiver Frauen im Vergleich zu unattraktiven Frauen die „corrugator EMG" Werte bei gleichzeitig niedrigerem „zygomatic EMG" erhöht sind, weist zwar geringe - aber dennoch Veränderungen der Gesichtsausdrücke nach, die auf angespannte Gemütszustände hindeuten, obwohl der selbstverzeichnete Vergnügungslevel unverändert ist, wenn „[...] they have encoutered a high-status competitor that possibly threatens their reproductive success and social status, perhaps invoking a negative self-comparison [...]."[40]. Weil **Kenrick, Montello, Gutierres und Trost**[41] mittels einer langfristigen Präsentation attraktiver Frauen herausfanden, dass der Vergnügungslevel der weiblichen Probanden sinkt, führen die Forscher dieses widersprüchliche Resultat auf den Untersuchungsaufbau des psychophysiologischen Experiments zurück, der die Selbstregistrierung von Unmutsgefühlen durch schnellen Diawechsel mit mischgeschlechtlichen Gesichtern nicht zulässt.[42]

Die in anderen Studien nachgewiesenen erhöhten Muskelaktivitäten im Stirnbereich, wie das Skepsis und Angespanntheit vermittelnde Hochziehen der Augenbrauen, lassen den immensen Einfluss von weiblicher Attraktivität auf das Verhalten in Interaktionssituationen erahnen. So wird die Hypothese gestützt, dass der Attraktivitätslevel einer Frau den Level der Positionsbedrohung und damit den Rivalitätslevel nach oben bzw. nach unten, determiniert.

Schmidt und Buss[43] interpretieren die in Attraktivitätsstudien herauskristallisierte Tendenz männlicher Probanden, männliche Gesichter weniger attraktiv als weibliche Gesichter zu bewerten, als Wettbewerbsverhalten in Form von Geringschätzung des Gegners.

---

[40] Vgl. ebd. S. 55.
[41] Kenrick, D. T./Montello, D. R./Gutierres, S. E./Trost, M.R.: Effects of physical attractiveness on affect and perceptual judgements: when social comparison overrides social reinforcement. In: Personality an Social Psychology Bulletin. 1993.Vol. 19. S. 195 bis S. 199.
[42] Hazlett, R.L./Hoehn-Saric, R.: Effects of perceived physical attractiveness on females' facial displays and affect. In: Evolution and Human Behavior. 2000. Vol. 21. Heft 1. S. 55.
[43] Schmitt, D.P./Buss, D.M.: Strategic self-promotion and competitor derogation: Sex and context effects on the perceived effectiveness of mate attraction tactics. In: Journal of Personality and Social Psychology. 1996. Vol. 70. S. 1185 bis S. 1204.

Die Überprüfung der in dieser Arbeit verwendete Studien zeigt jedoch ein anderes Bild.

> ❖   *In*   **Rhodes, Yoshikawa, Clark et. al**[44]   *Studie ist die Höherbewertung der Frauen auf die Urteile der weiblichen Probanden zurückzuführen. In der* **Beautycheckstudie**[45] *und in den Studien von* **Chen,German und Zaidel**[46] *,***Friedenberg**[47] *,***Henss**[48] *,***Rhodes und Tremewan**[49] *werden Frauen bei Urteilerübereinstimmung der befragten Frauen und Männer höherbewertet.*

Die tendenzielle Urteilerübereinstimmung stützt die Hypothese, dass generell die optische Attraktivität bei Frauen wichtiger ist als bei Männern, die in ihrer Attraktivität mit dem beruflichen Status wachsen. Die Abwertungsstrategie der Männer in Bezug auf die Optik der zu Beurteilenden - interpretierbar als Wettbewerbsstrategie, damit nicht. Die Höherbewertung der Frauen durch Frauen kann man interpretieren als ein hohes Bewusstsein weiblicher attraktiver Konkurrenz bei vergleichender pessimistischer Geringerschätzung der eigenen Attraktivität. Diese Hypothese bedarf einer Überprüfung. Aus den Resultaten der Studie von **Hazlett und Hoehn-Saric**, sowie aus der höheren Beachtung weiblicher Attraktivität ergeben sich Konsequenzen für die mischgeschlechtliche Interaktion in Form von Konkurrenzverhalten und Selektion im Partnerwahlverfahren, die weiter zu erörtern wären – wegen anderer hypothetischer Schwerpunktsetzungen in dieser Arbeit jedoch nicht.

(VI I)
Das Beautycheckforschungsprojekt.

Die Beautycheckstudie von **Braun et.al.** von der Universität Regensburg überprüft die

> ❖   *Symmetrie-Hypothese, wonach symmetrisch optimierte Gesichter attraktiver sind als Originalgesichter.*
>
> ❖   *Durchschnitts-Hypothese, wonach Gesichter, die den Durchschnitt einer Bevölkerung repräsentieren, attraktiver sind, weil dieser Durchschnitt ein normales genetisches*

---

[44]   Rhodes, G./Yoshikawa, S./Clark, A. et. al.: Attractiveness of facial averageness and symmetry in non-Western cultures: In search of biologically based standards of beauty. In: Perception. 2001.Vol. 30. S. 617.

[45]   Vgl. Braun, C./Gründl, M./Marberger, C./Scherber, C./Zimmer, A.: Beautycheck. Ursachen und Folgen von Attraktivität. Regensburg 2001. S. 31. Internetadresse: http://pcptpp030.psychologie.uni-regensburg.de/beautycheck/bericht/beauty_ho_zensiert.pdf

[46]   Chen, A.C./German, C./Zaidel, D.W.: Brain asymmetry and facial attractiveness: Facial beauty is not simply in the eye of the beholder. In: Neuropsychologia. 1997. Vol. 35. Heft 4. S. 474.

[47]   Vgl. Friedenberg, J.: Lateral Feature Displacement and Perceived Facial Attractiveness. In: Psychological Reports. 2001. Vol. 88. S. 303.

[48]   Vgl. Henss, R.: Geschlecht, Alter und physische Attraktivität. Zur Urteilerübereinstimmung bei Attraktivitätseinschätzungen. Saarbrücken 1992. (=Arbeiten der Fachrichtung Psychologie. Universität des Saarlandes, 163). S. 332.

[49]   Vgl. Rhodes, G./Tremewan, T.: Averageness, exaggeration, and facial attractiveness. In: Psychological Science. 1996. Vol. 7. Heft 2. S. 107.

Potential gewährleistet und im Fortpflanzungskontext die Gefahr extremer Abweichungen minimiert.

❖ **Kindchenschema-Hypothese**, *wonach ein an das Kindchenschema angepasstes Frauengesicht mit Reifekennzeichen wie hohe Wangenknochen, lange, schmale Nase usw. attraktiver ist als das Original-Frauengesicht.*

❖ **Attraktivitätsstereotypen-Hypothese**, *wonach Attraktivität positiv mit bestimmten sozial erwünschten zugeschriebenen Charaktereigenschaften korreliert.[50]*

Das Bildmaterial besteht aus 78 Frauengesichtern bei 7 Models, 33 Männergesichtern bei 1 Model im Alter von 23, 3 bzw. 25,1 Jahren und 4 Kindergartenmädchen, ausgewählt nach Repräsentativitätskriterien des Attraktivitätsniveaus. Zur Störvariablenausschaltung sind die Photobedingungen durch Kleidungseinheit, den frontalen Blick und Retuschierung hoch standardisiert. Mittels einer Vorbefragung sind 1 Männer- und 14 Frauengesichter zur Hebung der niedrigen Mittelwerte – rückführbar auf durch Medien irreale Attraktivitätsvorstellungen, auf 3,58 für Frauen und 3,18 für Männer herausselektiert und die übrigen Gesichter in eine Attraktivitätsrangfolge gebracht.[51]

Methodische Basis der Studie, welche die Begriffe attraktiv und sexy im Verständnis gleichsetzt, ist die Morphtechnik, bei der in einem Bildverarbeitungsprogramm durch Herstellung korrespondierender Referenzpunkte Gesichter übereinandergelegt werden und ein neues Gesicht - bestehend aus gleichen Anteilen der Gesichter, entsteht.

Für die Vergleichsmöglichkeit bewertete eine Modelagentur zudem die Attraktivität von 205 Original- und gemorphten Gesichtern.

Das Resultat ist analog zu den Ergebnissen der Regulärbefragungen, der Vorzug gemorphter Bilder vor Originalgesichtern als starke Stützung der Durchschnittshypothese.[52]

❖ *Zur Überprüfung der* **Symmetrie-Hypothese** *wurde von 32 Originalphotos im ausgewogenen Geschlechterverhältnis eine um die vertikale Achse gespiegelte Kopie hergestellt, mit dessen Referenzpunkten ein völlig symmetrisches neues Gesicht gemorpht wurde. Insgesamt 45 Männer und 30 Frauen im Durchschnittsalter von 31,4 Jahren beurteilten im Wissen um eine anteilige Künstlichkeit der Gesichter im two-alternative-forced-choice-Verfahren die 64 Gesichter zur Symmetrie-Hypothese*

[50] Vgl. Braun, C./Gründl, M./Marberger, C./Scherber, C./Zimmer, A.: Beautycheck. Ursachen und Folgen von Attraktivität. Regensburg 2001. S. 13 bis S. 14. Internetadresse: http://pcptpp030.psychologie.uni-regensburg.de/beautycheck/bericht/beauty_ho_zensiert.pdf
[51] Vgl. ebd. S. 47.
[52] Vgl. ebd. S. 42.

via Computer. Resultat ist, dass die weiblichen Gesichter nicht wegen des Symmetrieeffektes hinsichtlich ihrer Attraktivität beurteilt werden, sondern durch bestimmte proportionale Merkmale oder durch die Hautfarbe, während die männlichen Gesichter durch ihre Symmetrisierung signifikant attraktiver beurteilt werden bzw. durch hohe Asymmetrie als besonders unattraktiv auffallen.[53]

Das Fazit lautet: „Zusammenfassend lässt sich sagen, dass hohe Symmetrie nicht schön macht, aber zumindest starke Abweichungen von der Symmetrie unattraktiv."[54] Um herauszufinden, warum Gesichter als (un)attraktiv bzw. (un)sexy bewertet werden, wurden 8 Probanden instruiert, die Gesichter des prototypischen attraktiven und unattraktiven Gesichts im Paarvergleich in Bezug auf Merkmale zu unterscheiden. Resultat ist:

❖ *Das attraktive weibliche Gesicht hat eine **braunere Haut, ein schmaleres Gesicht, weniger Fettansatz, vollere, gepflegtere Lippen,** einen weiteren Augenabstand, dunklere, schmalere Augenbrauen, **mehr** längere, **dunklere Wimpern, höhere Wangenknochen,** eine schmalere Nase, keine Augenringe und **dünnere Augenlider.***

❖ *Das attraktive männliche Gesicht hat eine **braunere Haut, ein schmaleres Gesicht, weniger Fettansatz,** vollere Lippen, einen symmetrischen Mund, **dunklere Augenbrauen, mehr und dunklere Wimpern,** die obere Gesichtshälfte im Verhältnis zur unteren breiter, **höhere Wangenknochen,** einen markanten Unterkiefer, ein markantes Kinn, keine Geheimratsecken, **dünnere Augenlider,** keine Falten zwischen Nase und Mundwinkel.*[55]

❖ *Zur Überprüfung der **Durchschnitts-Hypothese** wurden die Originalgesichter der 2 unattraktivsten und 2 attraktivsten Frauen- wie Männergesichter durch die Vermorphung mit durchschnittlich attraktiven Gesichtsschemata zu 50 % an die Gesichtskonturen des Durchschnittsgesichts angenähert und ebenso die Prototypen für Attraktivität und Unattraktivität, die zuvor durch die Vermorphung des (un)attraktivsten mit dem zweit(un)attraktivsten Gesicht (1+2), des dritt(un)attraktivsten mit dem viert(un)attraktivsten Gesicht (3+4), und der daraus resultierenden (1+2) +(3+4), hergestellt wurden. Insgesamt 64 Männer und 52*

---

[53] Vgl. ebd. S. 21 bis S. 23; S. 38.
[54] Vgl. Braun, C./Gründl, M./Marberger, C./Scherber, C./Zimmer, A.: Beautycheck. Ursachen und Folgen von Attraktivität. Regensburg 2001. S. 38. Internetadresse: http://pcptpp030.psychologie.uni-regensburg.de/beautycheck/bericht/beauty_ho_zensiert.pdf
[55] Vgl. Ebd. S. 43.

Frauen im Durchschnittsalter von 33,3 Jahren beurteilten im Wissen um eine anteilige Künstlichkeit die Attraktivität der Originalgesichter und der gemorphten Partnergesichter in einer Likert-Skala von 1 bis 7 via Computer. Resultat ist, dass entscheidend für das Attraktivitätsurteil ist, aus welchen Gesichtern ein Durchschnittsgesicht entwickelt ist. Durchschnittsgesichter aus (un)attraktiven Gesichtern bleiben (un)attraktiv, aus Attraktiven gemorphte Gesichter sind attraktiv, jedoch nicht ideal attraktiv. Die Analyse ergibt ferner, dass weibliche Originalgesichter unabhängig von ihrer Attraktivität durch Durchschnittsannäherungen hinsichtlich des Attraktivitätsurteils um 0,75 Einheiten auf einer Skala von 1 bis 7 profitieren und gemorphte männliche Gesichter im Durchschnitt um 1,6 Einheiten attraktiver beurteilt werden als der Durchschnitt der darin eingehenden Originalgesichter. [56]*

Das Fazit lautet: „Dieses Ergebnis widerlegt sehr eindeutig evolutionsbiologische Erklärungsansätze (vgl. Grammer, 2000)[57], wonach eine Steigerung der Attraktivität männlicher Gesichter durch Mittelung nicht möglich sein kann, da typisch männliche (attraktivitätssteigernde) Merkmale verloren gingen.“[58] Dass auch die Modelagentur ein männliches Durchschnittsgesicht in die Rangfolge der 10 attraktivsten/sexiesten Gesichter sortiert, unterstützt die Hypothese.[59] Die Forscher führen das Resultat jedoch auf den Hautunreinheiten abnehmenden Effekt durch die Überlagerungstechnik zurück, womit die als attraktiv empfundene Makellosigkeit zunimmt.[60] Dass gemorphte Gesichter sexier sind als Originalgesichter, kann auf dieses Methodendefizit rückgeführt werden. Nicht nur der Technikeffekt nimmt dem Ergebnis Relevanz. Auch die oben identifizierten von Schema und Oberfläche eines Durchschnittsgesichts abweichenden Merkmale eines attraktiven Gesichts.

❖ *Zur Überprüfung der* **Kindchenschema-Hypothese** *wurden von 6 attraktiven Frauengesichtern mit ausgeprägten Reifekennzeichen per Morphtechnik bei Verwertung der Kindergesichter proportionale Annäherungen an das Kindchenschema zu 10 %, 20 %, 30 %, 40 %, 50 % erstellt. Insgesamt 37 Männer und 33 Frauen im Durchschnittsalter von 33,5 Jahren beurteilten im Wissen um eine anteilige Künstlichkeit im „six-alternative-forced-choice-Verfahren“ die 36 Gesichter via Originalblatt. Resultat ist, dass unabhängig von Alter und Geschlecht der Befragten nur 9,52 % aller Befragten sich für ein Original als attraktivstes*

---

[56] Vgl. Ebd. S. 19 bis S. 20; S. 26 bis S. 27; S. 36 bis S. 37; S. 46.
[57] Vgl. Grammer, K.: Signale der Liebe. Die biologischen Gesetze der Partnerschaft. München 2000.
[58] Vgl. Braun, C./Gründl, M./Marberger, C./Scherber, C., Zimmer, A.: Beautycheck.
Ursachen und Folgen von Attraktivität. Regensburg 2001. S. 44.
Internetadresse: http://pcptpp030.psychologie.uni-regensburg.de/beautycheck/bericht/beauty_ho_zensiert.pdf
[59] Vgl. Ebd. S. 42.
[60] Vgl. Ebd. S. 46.

> *Gesicht entscheiden, während der Rest ihren Favoriten mit Kindchenschemaanteil im durchschnittlichen Satz von 29,21 % auswählt.*[61]

Das Fazit lautet: „Damit konnten wir die von Grammer (2000)[62] vertretende Hypothese, wonach kindchenhafte Merkmale attraktivitätsmindernd seien, klar widerlegen. Grammers Fazit dürfte darauf zurückzuführen sein, dass er bei seiner Untersuchung Frauengesichter nicht nur an das Kindchen*schema*, d. h. an die Gesichtsproportionen eines Kindes angenähert hat, sondern an ein Kindchen*gesicht*, wodurch Haut und Haare der so veränderten Frauen völlig verändert wurden."[63] Dieser Methodenunterschied lässt als Qualitätsplus der Beautycheckuntersuchung ein Vergleichsurteil zu. Zu konstatieren ist: Frauen mit einer Kombination aus weiblicher Reife und Kindchenanteilen sind attraktiv.

❖ *Zur Überprüfung der __Attraktivitätsstereotypen-Hypothese__ wurden 21 Frauen- und Männergesichter (4 wenig attraktive, 4 mittel attraktive, 4 sehr attraktive und deren übergeordnete gemorphte Gesichter inklusive dem Durchschnittsgesicht) auf folgende 10 bipolare Eigenschaftsdimensionen beurteilt: Ungesellig-Gesellig, Unzufrieden-Zufrieden, Faul-Fleißig, Unintelligent-Intelligent, Phantasielos-Kreativ, Unsympathisch-Sympathisch, Erfolglos-Erfolgreich, Langweilig-Aufregend, Unzugänglich-Zugänglich, Unehrlich-Ehrlich. Insgesamt 152 Personen im Alter von 13 und 81 Jahren beurteilten je eine Eigenschaft auf ein Gesicht und ihrer gemorphten Partner via Computer. Resultat ist, dass unabhängig von Alter und Geschlecht der Befragten bei durchweg hohen Korrelationen bis 0,91 zwischen hoher Gesichter-Attraktivität und den 10 positiven Eigenschaften ein ausgeprägtes Stereotyp für männliche wie weibliche Gesichter konstituiert wird.*[64]

Das Fazit lautet: „Dies widerspricht der jüngst mit einer hohen Anzahl von Versuchspersonen durchgeführten Studie von **Henss** (1998), der zu einem konträren Ergebnis gelangt. Hier heißt es u. a. »Attraktivität konstituiert einen eigenen Faktor, der weitgehend unabhängig ist vom Persönlichkeitsbereich im engeren Sinne.«[65] [...] Unsere Ergebnisse kommen jedoch nach unserer Einschätzung der Realität näher, da wir Störfaktoren wie Kleidung, Lächeln, [...] konsequent eliminiert haben [...]."[66] Die Hypothese vom Attraktivitäts-Halo-Effekt[67], wonach die Attraktivität als erste optisch wahrgenommene

---

[61] Vgl. Braun, C./Gründl, M../Marberger, C./Scherber, C./Zimmer, A.: Beautycheck. Ursachen und Folgen von Attraktivität. Regensburg 2001. S. 24 bis S. 25; S. 40 bis S. 41. Internetadresse: http://pcptpp030.psychologie.uni-regensburg.de/beautycheck/bericht/beauty_ho_zensiert.pdf

[62] Grammer, K.: Signale der Liebe. Die biologischen Gesetze der Partnerschaft. München 2000. S. 181.

[63] Vgl. Braun, C./Gründl, M../Marberger, C./Scherber, C./Zimmer, A.: Beautycheck. Ursachen und Folgen von Attraktivität. Regensburg 2001. S. 41. Internetadresse: http://pcptpp030.psychologie.uni-regensburg.de/beautycheck/bericht/beauty_ho_zensiert.pdf

[64] Vgl. ebd. S. 28 bis S. 29; S. 44.

[65] Vgl. Henss, R.: Gesicht und Persönlichkeitseindruck. Göttingen 1998. S. 268.

[66] Vgl. Braun, C./Gründl, M../Marberger, C./Scherber, C., Zimmer, A.: Beautycheck. Ursachen und Folgen von Attraktivität. Regensburg 2001. S. 44. Internetadresse: http://pcptpp030.psychologie.uni-regensburg.de/beautycheck/bericht/beauty_ho_zensiert.pdf

[67] Vgl. Braun, C./Gründl, M../Marberger, C./Scherber, C./Zimmer, A.: Beautycheck.

Eigenschaft alle folgenden Informationsverarbeitungsprozesse und damit Wahrnehmungsurteile beeinflusst, wird damit gestützt.

(VI I I)
Zum Einfluss von Durchschnittlichkeit auf die Attraktivität weiblicher und männlicher Gesichter.

Die in der Beautystudie überprüfte Durchschnittshypothese geht zurück auf **Langlois und Roggmann**, welche in Morphexperimenten mit aus 16– und 32-anteiligen Gesichtskompositionen herausfinden, dass erstens die gemorphten Durchschnittsgesichter als signifikant attraktiver gewertet werden als die 16- und 32 Einzelgesichter, aus denen sie bestehen - zweitens mit der Höhe der eingegangenen Einzelgesichter ab 16 Anteilen, die Attraktivität steigt. Die Interpretation, die Gesichter seien attraktiver, weil sie aus der Photoauswahl den Durchschnitt repräsentieren, was konträr zur sozialbiologischen Theorie steht, die argumentativ den Attraktivitätsbonus von starken Ausprägungen männlich-markanter Gesichtsmerkmale für Männer und von Anteilen des Kindchenschemas für Frauen untermauert – wurde fortan als Durchschnittshypothese gehandelt.Die Forscher interpretieren den Vorzug zum einen auf evolutionärer Selektionsebene, zum anderen auf psychologischer Ebene. So gewährleistet eher das Durchschnittsgesicht einer Population, weil er als Prototyp eine starke Überlebenschance signalisiert, als Partner eine die eigenen Vorteile maximierende Partnerschaft. So gewährleistet eher ein Partner, der den Durchschnitt repräsentiert, aufgrund des hohen Anpassungsgrades eine Einfügung in die Gesellschaft.[68] **Rhodes und Tremewan** von der Canterbury University untersuchen per Karikaturverfahren auf Übertragungsbasis von 60 bei 30 weiblichen photographierten Gesichtern den Einfluss von Unterschiedlichkeit auf den Attraktivitätsgrad. Im Unterschied zur Methode von Langlois und Roggmann wird per Karikaturtechnik durch Computermanipulation der stabile 3er-Vergleich zwischen Antikarikatur mit hohem und Karikatur mit geringem Durchschnittsgrad (beide 50 % abweichend vom Ausgangsgesicht) und der unverzerrten Ausgangszeichnung mit mittlerem Durchschnittsgrad, konstruiert. Für die Abstufungen sind als metrische Ausgangsnorm zwei Durchschnittsgesichter per Morphverfahren aus den je 30 männlichen und 30 weiblichen Vorlagegesichtern erstellt worden. Im Set bewerteten 24 bei 15 weiblichen Probanden die Attraktivität und Unterschiedlichkeit als aus einer imaginären Menschenmenge optisch hervorstechende Eigenschaft per Ratingskala von 1 bis 7. Bei höherer Akzeptanz markanter Gesichtszüge von Männern unterstützt das Analyseresultat die Durchschnittshypothese:

Ursachen und Folgen von Attraktivität. Regensburg 2001. S. 12.
Internetadresse: http://pcptpp030.psychologie.uni-regensburg.de/beautycheck/bericht/beauty_ho_zensiert.pdf
[68]   Langlois, J. H./Roggmann, L.A.: Attractive faces are only average. In: Psychological Science. 1990. Heft 1. S. 115 bis S. 121.

- *Antikarikaturen sind signifikant weniger unterschiedlich als unverzerrte Gesichter, welche wiederum weniger unterschiedlich sind als Karikaturen.*
- *Antikarikaturen sind signifikant attraktiver als unverzerrte Gesichter, welche wiederum attraktiver sind als Karikaturen. Weibliche Antikarikaturen sind attraktiver als männliche Antikarikaturen.*[69]

In einer späteren Studie weisen **Rhodes, Yoshikawa, Clark et.al.** von den Universitäten Western Australia und Kyoto nach, dass das Durchschnittsgesicht auch außerhalb der westlichen Kultur präferiert wird. Per Morphexperiment zeigen sie, das Japaner und Chinesen durchschnittliche Morphgesichter mit westlichen Anteilen, sowie die der eigenen Kulturen attraktiver und weniger unterschiedlich finden als extreme Varianten.[70] Die Durchschnittspräferenz der asiatischen Kultur für vertraute wie für wenig vertraute Gesichter unterstützt die Hypothese von angeborenen evolutionär entwickelten optischen Präferenzen. Auch in einer zweiten Befragung mit variierter Methodik wird die Durchschnittshypothese unterstützt. 192 bei 96 weiblichen Gesichtern werden als Vorlage für per Computerprogramm hergestellte Zeichnungen genommen, welche in geschlechtseinheitlichen Setkombinationen als Dias präsentiert und von 168 Probanden nach 7er-Skalierung zu bewerten sind. Jedes Set enthält 32 Gesichter und 5 aus von diesen Gesichtern je 2, 4, 8, 16 bzw. 32 Gesichtern per Morphtechnik komponierte Durchschnittsgesichtszeichnungen. Resultat ist:

- *Kompositionen sind attraktiver und weniger unterschiedlich als die in ihnen eingegangenen Einzelgesichter.*
- *Kompositionen wachsen in ihrer Attraktivität und Unterschiedlichkeit nicht mit der Anzahl der in ihnen eingegangenen Gesichter.*[71]

Der letzte Punkt steht konträr zu Langlois und Roggmann, weil er den Einfluss von Kompositionen mit 2, 4 und 8 Gesichtern aufzeigt. Die daraus abzuleitende Hypothese lautet, dass eine vom Attraktivitäts- und Unterscheidungsniveau zahlenmäßige Unabhängigkeit von den in das Durchschnittsgesicht eingegangenen Gesichtern besteht, was empirisch überprüft werden müsste. Die Prüfung der Durchschnittshypothese mit schwarz-weißen Computerzeichnungen kann wegen des Künstlichkeitseffektes kritisiert werden. Vergleichend mit der Photomorphtechnik, die wegen sich entwickelnder Makellosigkeit der Haut bei zunehmender Gesichtsüberlagerung mit einer hochproblematischen Störvariable konfrontiert ist, kann als Beschränkungsvorteil dieser Technik eine Fixierung auf die Gesichtszüge erfolgen. Wie ist nun konträr zur Bevorzugung des Durchschnittstyps die

[69] Vgl. Rhodes, G./Tremewan, T.: Averageness, exaggeration, and facial attractiveness.
In: Psychological Science. 1996. Vol. 7. Heft 2. S. 106 bis S. 107.
[70] Rhodes, G./Yoshikawa, S./Clark, A./ et. al.: Attractiveness of facial averageness and symmetry in non-Western cultures:
In search of biologically based standards of beauty. In: Perception. 2001.Vol. 30. S. 611 bis S. 625.
[71] Vgl. Rhodes, G./Tremewan, T.: Averageness, exaggeration, and facial attractiveness.
In: Psychological Science. 1996. Vol. 7. Heft 2. S. 108.

existierende Präferenz von Abweichungen zu erklären. **Rhodes und Tremewan** vermuten, dass überdurchschnittliche Ausprägungen, die Geschlecht, sexuelle Reife oder gute Gesundheit signalisieren, die Attraktivität erhöhen, da sie hohe Überlebenschancen repräsentieren.[72] Mittels einer Befragung von 96 studentischen Probanden, die via PC eine Bewertung von je gegengeschlechtlichen 16 Originalphotos, sowie je 7 daraus konstruierten Durchschnittskombinationen per 7er-Ratingskala   nach den Eigenschaften attraktiv, dominant, sexy und gesund vornehmen – finden **Grammer und Thornhill** folgendes heraus:

❖ *Männliche Probanden   finden die weiblichen Morphkompositionen   signifikant attraktiver, sexier, weniger dominant, sowie zwar nicht signifikant, aber gesünder als die Originalphotos. Signifikant sexier als extremes weibliches Geschlechtsmerkmal sind nur ausgeprägte Wangenknochen, was mit der Signalwirkung in Bezug auf hohen Östrogengehalt begründet werden kann. Konträr bewerten Frauen die männlichen Originalgesichter als signifikant gesünder, sexier, dominanter, sowie zwar nicht statistisch relevant, aber attraktiver als die aus den Einzelgesichtern bestehenden Kompositionen. Der Vergleich der Ausprägungsstärke der   sekundären Geschlechtsmerkmale der Gesichter mit ihren Mittelwerten stützt die Hypothese von der Bevorzugung extremer männlicher, dominant wirkender, testosteronbedingter Gesichtszüge.   Frauen finden analog zur Beautycheckstudie ein markantes Kinn attraktiv, ein langes Gesicht mit breiterer oberer Gesichtshälfte im Verhältnis zur unteren attraktiv, sexy, gesund, dominant, eine lange Nase und einen breiten Mund gesund. Männlich durchschnittlich ausgeprägte Geschlechtsmerkmalen korrelieren negativ mit Attraktivität sowie Dominanz..[73]*

(I X)
Zum Einfluss von Feminisierung und Maskulinisierung auf die Attraktivität weiblicher und männlicher Gesichter.

Grammer und Thornhill's Resultat zeigt Präferenzen auf, die eine nach Geschlecht differenzierte Formulierung der Durchschnittshypothese fordern und dafür eine differenziertere Überprüfung notwendig machen. **Perret,Lee,Penton-Voak et.al.** von der University of St. Andrews   untersuchen in 4 aufbauenden Befragungen mit je neuen Sets von kaukasischen und japanischen in Schottland sesshaften Probanden den Einfluss von per Computermanipulation mit dem Programm „Silicon Graphics Indigo Maximum Impact" veränderten Feminisierungen und Maskulinisierungen der Gesichtsschemata von zuvor konstruierten Durchschnittsgesichtern auf das Attraktivitätsurteil. Zu bewerten sind im

[72] Vgl. Rhodes, G./Tremewan, T.: Averageness, exaggeration, and facial attractiveness.
   In: Psychological Science. 1996. Vol. 7. Heft 2. S. 110.
[73] Grammer, K./Thornhill, R.: Human (Homo sapiens) facial attractiveness and sexual selection. The role of symmetry and averageness.
   In: The Journal of Comparative Psychology. 1994. Vol. 108. Heft 3. S. 233 bis S. 242.

Digitalphotoformat je Befragung variierte Sets japanischer wie kaukasischer Gesichter. Die Analyseresultate sind nach Kulturkreis differenziert. Die geschlechtsspezifische Unterlassung lässt vermuten, dass es nicht signifikante Geschlechtsunterschiede gibt.

> ❖ *In Befragung Nr. 1 bewerten 50 bei 25 weiblichen kaukasischen Probanden und 42 bei 19 weiblichen japanischen Probanden von 18 bis 44 Jahren die feminisierten Versionen der weiblichen wie männlichen Gesichter attraktiver als die Durchschnittsgesichter und makulinisierten Versionen. Präferiert werden die im prozentualen Anteil stärker feminisierten weiblichen Gesichter des eigenen Kulturkreises. Dieses Resultat unterstützt sowohl die Hypothese von kulturübergreifenden Attraktivitätsvorstellungen, als auch konträr zum Ergebnis von Rhodes, Yoshikawa, Clark et.al. die Hypothese von auf (populationsspezifischen) Erfahrungen beruhenden Attraktivitätsurteilen.[74]*

Die erzielte Widerlegung der Durchschnittshypothese, sowie der Vorzug feminisierter männlicher Gesichter veranlasst die Forscher zu Störvariablen ausschaltenden Kotests.

> ❖ *In 2 weiteren Befragungen mit 67 bzw. 135 Probanden wird der Feminisierungsvorzug bestätigt, indem Gesichter mit einem Plusanteil von Feminisierung zu 50 % den zu 50 % maskulinisierten Partnergesichtern im forced-choice-Verfahren vorgezogen werden. Dabei sind die 2 Untersuchungen methodisch so aufgebaut, dass der Einfluss von kleineren Asymmetrien sowie standardisierten Gesichtsgrößen auf die Wahl ausgeschlossen sind.[75]*

Diese Präferenz von Feminisierungen ursächlich zu analysieren, ist Ziel von Befragung Nr. 4.

> ❖ *In Befragung Nr. 4 bewerten zum einen 20 bei 10 weiblichen kaukasischen Probanden, zum anderen 20 bei 10 weiblichen kaukasischen Probanden von 19 bis 61 Jahren, japanische wie kaukasische zu 50 % feminisierte und maskulinisierte Gesichter, sowie Durchschnittsgesichter in 4 Sets mit je 3 Gesichterpaaren in Bezug auf zum einen die Stärke der 7 Charaktereigenschaften „masculinity, dominance, warmth, emotionally, honesty, intelligence and age", zum anderen die Stärke der 3 Charaktereigenschaften „cooperativeness, assertiveness and 'good parent'".*
> *"For Caucasian and Japanese male faces, increasing the masculinity of face shape across the three set members increased ranking of perceived dominance, masculinity and age but decreased ranking of perceived warmth, emotionality, honesty, cooperativeness and quality as a parent [...] Increasing masculinity affected the*

[74] Perret, D.I./Lee, K.J./Penton-Voak, I./et.al: Effects of sexual dimorphism on facial attractiveness. In: Nature. 1998. Vol. 394. S. 885.
[75] Perret, D.I./Lee, K.J./Penton-Voak, I./et.al: Effects of sexual dimorphism on facial attractiveness. In: Nature. 1998. Vol. 394. S. 886.

> *Japanese and Caucasian female face sets in the same way for all characteristics [...]."[76]*

Das Ergebnis zeigt den Kontrast von   der Besetzung stark maskuliner Gesichter mit negativen Attributen bei positiven Eigenschaften stark femininer Gesichter, unter anderem auch mit Jugendlichkeit, was aus der Fortpflanzungsperspektive ein Vorzug ist. Die Sortierung von gefühls- und tugendhaften Eigenschaften zu „quality as a parent" weist auf bevorzugte Charakterzüge bei der familiengründungsorientierten Partnerwahl, hin. Die Selektionspräferenzen verlieren hier in Relation zur Tierwelt an geschlechtsdifferenten Kriterien und nähern sich konträr zur **Beautycheckstudie** und zur Studie von **Grammer und Thornhill** dem Vorzug von femininen, Jugend vermittelnden Kriterien an, was auf differente Methoden und Probanden zurückzuführen sein wird. Die Verstärkung maskuliner sekundärer Geschlechtsmerkmale zu 50 % ist als extreme Ausprägung zu werten. **Rhodes und Tremewans** vergleichbares Karikaturexperiment zeigt die Abneigungshaltung gegen Extremformen auf. Dem methodischen Defizit in Form von Extremformentwicklung ist die Forderung abzuleiten, das der Einfluss von verstärkten sekundären Geschlechtsmerkmalen in einer Zusatzstudie ähnlich wie bei der Überprüfung der Kindchenschemahypothese in der Beautycheckstudie in differenzierten Prozentanteilen zu 10 %, 20 %, 30 %, 40 % und 50 % geschlechtsspezifisch ermittelt werden muss. **Perret, Lee, Penton-Voak et. al.** unternehmen in Befragung Nr.1 zwar prozentuale Abstufungen und weisen nach, das Feminisierungen von ca. 10 % bis 20 % als am attraktivsten gewertet werden, ignorieren jedoch diese prozentual niedrigeren Vorzüge in den Folgebefragungen. Eine Studie von **Fauss** von der Universität Hamburg zeigt ebenfalls einen generellen Feminisierungsvorzug, sowie eine Präferenz weiblicher Probanden für bestimmte feminine Gesichtspartien, auf. Er lässt 208 bei 112 weiblichen Probanden aus einer Auswahl von gemischt männlichen und weiblichen Stirn-, Augen-, Nasen-, Mund- und Kinnphotos das Gesicht konstruieren, in das sie sich am ehesten verlieben würden. Die Akzeptanz dieser Aufgabe interpretiert Fauss als Unterstützung dafür, dass das Gesicht ein starker sexueller Auslöser ist . Resultat ist:

> ❖ *35 von 96 Männer bevorzugen das weibliche Augenpaar, das sich durch weit nach oben geschwungene Augenbrauen, eine relativ große Lidspaltenweite und eher flachliegende Augäpfel auszeichnet. Männer wählen für ihr verliebenswürdiges Objekt eine eher zierliche Nase, wohingegen Frauen in Relation breitere Nasen wählen. Die Wahl des Mundes zeigt bei Geschlechtervergleich keinen Unterschied. Beidseitig wird ein Mund mit leicht ansteigendem Mundwinkel und vollen Lippen mit geringer Furchung bevorzugt. Beidseitig wird auch ein nicht Dominanz vermittelndes Kinn mit geringer Robustizität bevorzugt. Allgemein kann man die konstruierten Photos als*

---

[76] Ebd. S. 886.

„weibliche Photos" bezeichnen, da weibliche Gesichtspartien bevorzugt sind. Frauen
bevorzugen für ihr männliches verliebenswürdiges Objekt weibliche Münder und
Kinnpartien, sowie männliche Augen und Nasen.[77]

Die Ergebniswidersprüchlichkeit der Studien lässt weitere Studien in größerem Umfang einfordern. Die Integration des Partnerwahlaspekts wie in der Studie von Fauss, ist bei den Attraktivitätsstudien vonnöten, da die Resultate von **Perret,Lee,Penton-Voak et.al.** die Vermutung nahe legen, dass stark ausgeprägte maskuline Merkmale mit für die stabile Familienschaffung ungeeigneten Eigenschaften konnotiert werden.

(X)
Zum Einfluss von Altersunterschieden auf die Attraktivität weiblicher und männlicher Gesichter.

Die Frage nach dem Einfluss von Alter auf Attraktivität ist verwandt mit der vom Einfluss des Kindchenschemas, da beides Jugendlichkeit und damit Reproduktionsfähigkeit vermittelt. Die Resultate von 2 Studien vermitteln prägnant einen Einblick in die Altersfrage.

Mc Kelvie und Mc Lellan von der Bishop's University lassen 96 weibliche und männliche Probanden zwischen 17 und über 50 Jahren die Attraktivität von 72 bei 36 weiblichen lächelnden Gesichtern auf Dias via 10er-Ratingskala nach Attraktivitätsniveau bewerten.

❖ *Probanden unter 30 geben signifikant niedrigere Attrakivitätsskalenwerte (M=4,5) als Probanden zwischen 30 und 49 (M=5,9), diese wiederum niedrigere als Probanden über 50 (M=6,1).*

❖ *Gesichter von 17 bis 30 haben höhere Skalenwerte (M= 6,0) als Gesichter von 30 bis 40 (M= 5,6), diese wiederum höhere als Gesichter über 50 (M=4,9).*

❖ *Männer unter 50 bewerten Frauen unter 30 als am attraktivsten, Männer über 50 Frauen zwischen 40 und 50.*

❖ *Während die Skalenwerte für Gesichter über 50 für beide Geschlechter vergleichbar sind, haben weibliche Gesichter von 30 bis 50 höhere Skalenwerte als männliche, resultierend aus der Präferenz weiblicher Gesichter zwischen 30 bis 50 von männlichen Probanden über 50.*[78]

Die Photomethodik der Studie ist zu kritisieren. Weil das Alter der Gesichter geschätzt ist und diese keinen neutralen Gesichtsausdruck, sondern einen das Gesicht verzerrenden lächelnden präsentieren, sind Ungenauigkeiten und Störeinflüsse anzunehmen. Wahrscheinlich ist, dass Lächelvarianten Sympathiegefühle hervorrufen, welche die

[77] Fauss, R.: Zur Bedeutung des Gesichts für die Partnerwahl. In: Homo (Jena): 1986. Vol. 88. Heft 3. S. 188 bis S. 201.
[78] Vgl. McKelvie, S. J./McLellan, B.: Brief Report. Effects of age and gender on perceived facial attractiveness. In: Canadian journal of behavioural science. 1993. Vol. 25. Heft 1. S. 135 bis S. 138.

Attraktivitätsbewertung beeinflussen. **Henns** von der Universität Saarbrücken lässt im ersten Altersexperiment 252 weibliche und männliche Probanden zwischen 16 und über 55 Jahren 32 weibliche oder 32 männliche Gesichter zwischen Ende 20 und Ende 60 nach selbstdefinierter Ähnlichkeit sortieren, via 9er-Ratingskala nach Attraktivität bewerten und ihr Alter schätzen Im zweiten Altersexperiment mit 240 weiblichen und männlichen Probanden zwischen 18 und 55 Jahren, sowie 42 Photos von weiblichen und männlichen Gesichtern zwischen Ende 20 und ca. 55 Jahren wird die Methode vom vorherigen Experiment übernommen und durch eine 9er-Ratingskala nach Sympathieniveau ergänzt.

❖ *Ältere Probanden geben durchschnittlich höhere Attraktivitätsscores ab als jüngere.*

❖ *Bei beiden Experimenten ist die Urteilerübereinstimmung zwischen den Probanden in Bezug auf die Altersschätzungen sehr hoch, in Bezug auf Attraktivität und Sympathie mehr variabel.*

❖ *Wer attraktiv ist, ist auch sympathisch, aber nicht zwangsläufig jung. Der negative Zusammenhang zwischen Alter und Sympathie ist gering und nimmt mit zunehmendem Alter der Urteiler ab.*

❖ *Junge männliche Probanden finden ältere Frauen und junge weibliche Probanden ältere Männer unattraktiv.*

❖ *Die ältesten männlichen Probanden finden die jüngsten Frauen am attraktivsten, die ältesten weiblichen Probanden finden die jüngsten Männer am attraktivsten.*

❖ *Gesichter im Alter von im ersten Experiment 28 bis 33 bzw. im zweiten Experiment 26 bis 39 haben höhere Attraktivitätsskalenwerte (M= 5,36/5,38) als Gesichter von 35 bis 45 bzw. 40 bis 44 (M= 4,87/4,25), diese wiederum höhere als Gesichter von 54 bis 68 bzw. 45 bis 55 (M=4,08/3,89).*

❖ *Während bei den weiblichen Gesichtern die Attraktivität mit zunehmendem Alter sinkt, ist diese Tendenz bei der den Männerphotos nicht ausgeprägt.*[79]

Dass **Henns** Gesichter ab Ende 20 in die Studie integriert ist ein methodisches Defizit, weil damit die Studie unbrauchbar für die Überprüfung von der Präferenz sehr junger Frauen unter 26 Jahren, wird. Die Studie hat jedoch den Vergleichbarkeitsvorteil durch die variable Einteilung von Altersgruppen, während **Mc Kelvie und Mc Lellan** sich auf grobe 10 bis 20 Jahre Altersunterschiedgruppen beschränken. Zu konstatieren ist, das Frauen von Ende 20 bis ca. Mitte 35 die höchsten Attraktivitätswerte erhalten, was die Hypothese von der

---

[79] Vgl. Henns, R.: Geschlecht, Alter und physische Attraktivität. Zur Urteilerübereinstimmung bei Attraktivitätseinschätzungen. Saarbrücken 1992. (=Arbeiten der Fachrichtung Psychologie. Universität des Saarlandes, 163). S. 309 bis S. 339.

Präferenz junger Frauen bestätigt. Während beide Studien in den höheren Attraktivitätsbewertungen älterer Probanden, sowie in der Präferenz jüngerer Gesichter übereinstimmen, unterscheiden sie sich in den Attraktivitätswerten nach Geschlecht, Alter der Gesichter und den Attraktivitätsvorstellungen älterer Probanden, denn bei Mc Kelvie und Mc Lellan präferieren Probanden im Alter von über 50 weibliche Gesichter zwischen 30 und 50. Die soziobiologische Hypothese von der generellen Bevorzugung junger Frauen bei hoher Toleranz älterer Männer wird demnach nur durch die methodisch unanfechtbarere Studie von Henss unterstützt. Zukünftig erwartbar ist eine wachsende Alterstoleranz für Frauen wegen kultureller Einflüsse als medizinische Fortschritte und als Abschwächung von Familienvorstellungen im patriarchalischen Sinne durch sich entwickelnde gleichberechtigtere familiäre Strukturen. Diese gesellschaftliche Tendenz stellt eine gegenläufige Position zur Hypothese von der geschlechtsspezifischen Alterstoleranz, dar.

(XI)
Zum Einfluss von (A)symmetrie und (A)symmetriestärken auf die Attraktivität weiblicher und männlicher Gesichter.

Der Einfluss von (A)symmetrie auf die Attraktivität wird mit der Konstruktion perfekter Symmetrie und willkürlicher Asymmetrien - benannt als flukturierende Asymmetrie, durch Photobefragungen untersucht. Dabei gilt folgendes definitorisches Begriffsverständnis:

❖ *„In perfect facial symmetry, points on the left and right half of a face are in corresponding locations and features are aligned with each other along the vertical midline.”*[80]

❖ *„Fluctuating asymmetry (FA) [..] is defined as random deviations from perfect symmetry for which population differences between the right and left sides have a mean of 0 and a statistically normal distribution”*[81]

Signifikante Korrelationen zwischen Krankheiten und hohen Leveln von FA in Bezug auf Körper und/oder Gesicht wurden in verschiedenen empirischen Untersuchungen festgestellt. So konstatieren **Parsons,**[82] **Polak und Trivers**[83] eine Korrelation zwischen einem niedrigen Level von FA und einer niedrigen Anfälligkeit für toxische und infektionale Umweltbelastungen. So konstatieren **Markow und Wandler**[84]**, Shackelford und Larsen**[85]

[80] Vgl. Friedenberg, J.: Lateral Feature Displacement and Perceived Facial Attractiveness.
In: Psychological Reports. 2001. Vol. 88. S. 295.
[81] Mealey, L./Bridgstock, B./Townsend, G.C.: Symmetry and perceived facial attractiveness: A monozygotic co-twin-comparison.
In: Journal of personality and social psychology. 1999. Vol. 76. Heft 1. S. 152.
[82] Parsons, P.A.: Fluctuating asymmetry: An epigenetic measure of stress. In: Biological Reviews. 1990. Vol. 65. S. 131 bis S. 145.
[83] Polak, M./Trivers, R.: The science of symmetry in biology. In: Trends in Ecology and Evolution. Vol. 9. S. 122 bis S. 124.
[84] Markow, T.A./Wandler, K.: Fluctuating dermatoglyphic asymmetry and the genetics of liability to schizophrenia.
In: Psychiatry Research. 1986.Vol. 19. S. 323 bis S. 328.
[85] Shackelford, T.K./Larsen, R.J.: Facial symmetry as an indicator of psychological, emotional, and physiological distress.
In: Journal of Personality and Social Psychology. 1997. Vol. 72. S. 456 bis S. 466.

Korrelationen zwischen der Auftretenswahrscheinlichkeit von psychischen Krankheiten einschließlich Schizophrenie und hohen Leveln von FA, was zum einen auf den Einfluss von Attraktivität auf die soziale Integration hindeutet, zum anderen die These von der genetisch bedingten Anfälligkeit für Krankheiten und dem gestörten Körperwachstum als krankheitsbedingte Folge, unterstützt. **Friedenberg** vom Manhatten College untersucht den Einfluss verschiedener durch Computermanipulation erstellter Asymmetriestärken von Gesichtern auf die Attraktivitätsbewertung mit der Annahme „[...] that faces with a greater number of oppositely displaced adjacent feature pairs would be rated increasingly less attractive." Die richtungsvariierende Versetzung von Augen, Nase und Mund um 3 Pixel bei einer Gesichtgröße von 190 Pixel in Form von „same direction displacement" or „opposite direction displacement" ist als sehr milde asymmetrische Manipulation einzuschätzen. 57 bei 36 weiblichen Probanden bewerten 40 Dias per 7er-Ratingskala. Integriert sind asymmetrisch manipulierte Originalgesichter in gemischter Präsentation mit Originalgesichtern und symmetrisierten Gesichtern durch Spiegelung der linken Gesichtshälfte. Die Auswertung der Antwortbögen ergibt geschlechtsunabhängig:

❖ „*Symmetrical faces were also not significantly more attractive than the alternating features cases. [...] There was no statistical difference in attractiveness ratings between symmetrical and normal control faces.*"[86]

Die Ausgangshypothese vom negativen Einfluss der Asymmetrievariationen auf das Attraktivitätsurteil ist damit nicht bestätigt, was analog zum Beautycheckresultat vermuten lässt, dass nur Asymmetrien größeren Ausmaßes das Attraktivitätsurteil signifikant beeinflussen. In einem zweiten Experiment weist Friedenberg nach, dass total symmetrisierte Gesichter mit nachhaltig konstruierten Asymmetrien signifikant unattraktiver bewertet werden als Originalgesichter und total symmetrisierte Gesichter.[87]

Dieses Ergebnis, begründbar mit einer höheren Symmetriesensibilität durch den Symmetrie-Asymmetriekontrast, unterstützt diese Vermutung. Allerdings belegen **Grammer und Thornhill** mit männlichen Probanden, dass FA in weiblichen Originalgesichtern signifikant negativ korreliert mit den Eigenschaften sexy und attraktiv, und mit weibliche Probanden, dass FA in männlichen Originalgesichtern signifikant negativ korreliert mit den Eigenschaften attraktiv und gesund.[88]

Da es sich bei beiden Untersuchungen um Stichproben mit ca. 50 Probanden und bis 40 Photos handelt, sind Überprüfungen größeren Standards notwendig. **Perret, Burt, Penton-Voak et.al.** von der University of St. Andrews untersuchen den Einfluss divergierender

[86] Friedenberg, J.: Lateral Feature Displacement and Perceived Facial Attractiveness. In: Psychological Reports. 2001. Vol. 88. S. 301.
[87] Vgl. Ebd. S. 302.
[88] Grammer, K./Thornhill, R.: Human (Homo sapiens) facial attractiveness and sexual selection. The role of symmetry and averageness. In: The Journal of Comparative Psychology. 1994. Vol. 108. Heft 3. S. 237.

Methoden zur Herstellung symmetrischer Gesichter und Befragungsmethoden auf die Bewertung des Attraktivitätsniveaus.

> ❖ *In Experiment 1 werden per Gegenüberstellung 30 Gesichter im ausgewogenen Geschlechterverhältnis verglichen mit ihren symmetrisierten Versionen, erstellt nach manueller Kalkulation korrespondierender Gesichtspunkte und diesbezüglicher Verziehung per Computerprogramm, wobei natürliche Asymmetrien der Hautpigmentierung beibehalten sind. Im two-choice-Verfahren wird die Präferenz aufgezeigt.*
>
> ❖ *In Experiment 2 werden per Gegenüberstellung 64 frontal photographierte Gesichter im ausgewogenen Geschlechterverhältnis verglichen mit ihren total symmetrisierten Versionen, erstellt durch Vermorphung mit der Spiegelkopie (ähnlich der Methode der Beautystudie), wobei die Paargesichter die gleiche, konstante Gesichtsfarbinformation erhalten. Im two-choice-Verfahren wird die Präferenz aufgezeigt.*
>
> ❖ *In Experiment 3 werden die aus Experiment 2 stammenden 64 Gesichter im ausgewogenen Geschlechterverhältnis mit ihren total symmetrisierten Versionen, geteilt in 4 Sets mit je 16 Paaren nach Attraktivitätsnivau auf einer 7er-Ratingskala bewertet.[89]*

Die Probanden sind über manipulative Einwirkungen informiert, aber nicht konkret über die symmetrische Manipulation. In Experiment 1 bewerten 49 bei 37 weiblichen Probanden zwischen 18 und 22 Jahren, in 2 und 3 je neue 22 bzw. 20 Probanden im ausgewogenen Geschlechterverhältnis zwischen 20 und 50 bzw. 19 und 46 Jahren.

> ❖ *In Experiment 1 bevorzugen 58 % der Befragten die symmetrisierte Version, wobei das Geschlecht der Befragten und der zu bewertenden Gesichter keine Rolle spielt.*
>
> ❖ *In Experiment 2 bevorzugen 72, 9 % und 73,9 % der Befragten die männlich bzw. weiblich symmetrisierte Version, wobei das Geschlecht der Befragten und der zu bewertenden Gesichter keine Rolle spielt.*
>
> ❖ *In Experiment 3 bewerten die Befragten die weiblich symmetrisierten Gesichter als signifikant attraktiver als die Normalversionen, sowie die männlich symmetrisierten Gesichter nicht signifikant höher als die Normalversionen.*
>
> ❖ *In Experiment 1 antworten im Nachinterview 75 % der Befragten, sich der Symmetriemanipulation nicht bewusst gewesen zu sein im Kontrast zum diesbezüglichen Bewusstsein in Experiment 2 bei totaler Symmetrie, wohingegen in Experiment 3 im Nachinterview nur 1 Befragter angibt, sich der Manipulation bewusst gewesen zu sein.[90]*

[89] Perret, D. I./Burt, M./Penton-Voak, I.S./et. al.: Symmetry in human facial attractiveness.
In: Evolution and human behavior. 1999.Vol. 20. Heft 5. S. 298 bis S. 304.
[90] Perret, D. I./Burt, M./Penton-Voak, I.S.: Symmetry in human facial attractiveness.

Perret,Burt,Penton-Voak et.al. interpretieren das Ergebnis folgendermaßen:

❖ *„Despite this change in awareness, all three experiments provided clear evidence that symmetry was beneficial for facial attractiveness. [...] The techniques, used in Experiments 1, 2 und 3 allowed symmetry to be manipulated while keeping other facial qualities constant. With these methods we have found that, for male and female shapes, increasing the symmetry increases attractiveness. These results contrast with previous studies that reported preferences for asymmetry but have used less appropriate image processing techniques (Knowner 1996[91]; Langlois et. al. 1994[92]; Samuels et. al. 1994[93]; Swaddle and Cuthill 1995[94]). "[95]*

Speziell das Ergebnis von Experiment 2 steht für die Symmetriepräferenz, sowohl bezüglich der Form als auch bezüglich der Hautoberfläche. Dass eine homogene Hautpigmentierung mit leichter Röte bei gebräuntem Teint bei weiblichen Gesichtern von Männern als attraktiv empfunden wird, bestätigt die Studie von **Fink, Grammer und Thornhill**, wobei sie den Vorzug der gebräunten Haut darauf zurückführen, dass dieser Teint einen hohen gesundheitlichen Status sowie den sozialen Status von Freizeitgestaltungsfähigkeit widerspiegelt.[96]

Die Beautycheckstudie zeigt ein analoges Ergebnis. Das Symmetrieplädoyer muss jedoch mit Einschränkung betrachtet werden, da sich in Experiment 2 viele Befragte der symmetrischen Unterschiede bewusst sind, was das Ergebnis nach Regeln sozialer Erwünschtheit beeinflusst haben kann. Der Wert der Studie liegt im methodisch sorgfältigem, per Kotests Defizite ausräumenden und Vergleiche ermöglichenden Aufbau.

❖ *Die Symmetrisierungsmethode durch Erstellung eines Gesichtes aus einer Gesichtshälfte mit seiner linken oder rechten Spiegelkopie ist stark kritisiert und wird tendenziell durch die Morphtechnik mit ganzheitlichen Spiegelkopien ersetzt, da wegen der Unterschiedlichkeit der beiden Gesichtshälften durch Ignorierung der einen – diese symmetrisierten Versionen Unterschiede in Relation zu den Originalgesichtern aufweisen, Makel wie Narben, Male und Unreinheiten verdoppelt werden und die Gesichter einen maskenhaften Ausdruck zeigen.[97] Perret, Burt und Penton-Voak's*

In: Evolution and human behavior. 1999. Vol. 20. Heft 5. S. 298 bis S. 304.

[91] Knowner, R.: Facial asymmetry and attractiveness judgement in developmental perspective.
In: Journal of Experimental Psychology: Human Perception and Performance. 1996. Vol. 22. S. 662 bis S. 675.

[92] Langlois, J.H./Roggman, L.A./Musselman,L.: What is average and what is not average about attractive faces.
In: Psychological Science. 1994. Vol. 5. S. 214 bis S. 220.

[93] Samuels,C.A./Butterworth, G./Roberts, T./Graupner, L./Hoyle, G.: Facial aesthetics: babies prefer attractiveness to symmetry.
In: Perception. 1994. Vol. 23. S. 823 bis S. 831.

[94] Swaddle, J.P./Cuthill, I.C.: Asymmetry and human facial attractiveness: Symmetry may not always be beautiful.
In: Proceedings of the Royal Society of London Series B-Biological Sciences. 1995. Vol. 261. S. 111 bis S. 116.

[95] Perret, D. I./Burt, M./Penton-Voak, I.S.: Symmetry in human facial attractiveness.
In: Evolution and human behavior. 1999. Vol. 20. Heft 5. S. 304 bis S. 305.

[96] Fink, B./Grammer, K./Thornhill, R: Human (homo sapiens) facial attractiveness in relation to skin texture and color.
In: The Journal of Comparative Psychology. 2001. Vol. 115. Heft 1. S. 995 bis S. 97.

[97] Vgl. Braun, C./Gründl, M./Marberger, C./Scherber, C./Zimmer, A.: Beautycheck.
Ursachen und Folgen von Attraktivität. Regensburg 2001. S. 21.

Studie im Vergleich mit den nach dieser Symmetrisierungsmethode konstruierten Studien von Knowner, Langlois, usw. zeigt als Folge der defizitären Halbseitigkeit den Gegensatz im Forschungsergebnis.

Dass symmetrische Gesichter, erstellt durch Vermorphung mit der Spiegelkopie als attraktiver empfunden werden, weisen auch **Rhodes,Yoshikawa,Clark et.al.** nach,[98] was dort bei gleichzeitiger Kontrolle der Hautpigmentierung für die bessere Methodik spricht.

Die Beautycheckstudie konstatiert trotz analoger Methodik keinen bedeutenden Symmetrieeinfluss auf das Attraktivitätsurteil. Wegen der Ergebniswidersprüchlichkeit trotz ähnlicher Methodik sind diesbezüglich abermals größer angelegte Studien notwendig.

(XII)
Schlusswort.

Die Arbeit hat aufgezeigt, dass der Forschungsbereich eine Fülle empirischer Untersuchungen aufweisen kann, jedoch nur in Form kleiner Stichproben, methodisch im wesentlichen bestimmt von hoch standardisierten Photos als Stimulusmaterial, Computerprogrammen und Methoden zur Photomanipulation, sowie auf Fragebogenkonzeptionen, abgestimmt auf vergleichend zu bewertende Gesichtsvariationen. Der Forschungsbereich „facial attractiveness" zeichnet sich weiter durch seine zum Teil widersprüchlichen und daher hoch diskutablen Forschungsergebnisse aus, welche in diesem Schlusswort keine geschlossenes Resümee zulassen. Die Widersprüchlichkeit ist auf die unterschiedlichen Methoden, unterschiedliches Photomaterial mit unterschiedlichen Ausgangsmaßen in Bezug auf sekundäre männliche und weibliche Geschlechtsmerkmale, kleine Stichproben und heterogene Probandengruppen zurückführen. In der Konsequenz lässt sich ein hoher Forschungsbedarf konstatieren in Form von speziell für Vergleichszwecke methodisch homogen konzipierten repräsentativen Untersuchungen in verschiedenen Kulturen. Die widersprüchlichen Forschungsergebnisse manifestieren sich im Schwerpunkt in den Forschungskategorien Einfluss von Asymmetrie und Symmetrie, Einfluss verschiedener Grade von maskulinen und femininen Gesichtszüge, sowie Einfluss der Durchschnittlichkeit auf das Attraktivitätsurteil. Geringe Information über Probanden, keine

Internetadresse: http://pcptpp030.psychologie.uni-regensburg.de/beautycheck/bericht/beauty_ho_zensiert.pdf
[98] Rhodes, G./Yoshikawa, S./Clark, A./ et. al.: Attractiveness of facial averageness and symmetry in non-Western cultures: In search of biologically based standards of beauty. In: Perception. 2001.Vol. 30. S. 619 bis S. 622.

beruflichen Statusdifferenzierungen, nur manchmal Altersdifferenzierungen, manchmal kulturelle Differenzierungen – ziehen die Eingrenzungen des Forschungsrahmens. Dieser ist im wesentlichen charakterisiert im Ausprobieren kleiner methodischer Veränderungen, was besonders im Ergebnischeck von variierten Methoden zur (A)symmetrisierung deutlich wird. Was für die Probanden speziell Attraktivität in Selbsteinschätzung impliziert, wird in den Studien nicht erfragt. Damit bleibt der Begriff Attraktivität operational ungeklärt. Welche Rolle für die Probanden speziell Attraktivität bei der Partnerwahl spielt, wird ebenfalls nicht hinterfragt. Diese zur Eigenschaftslosigkeit der Probanden führenden Unterlassungen geben den Forschungsresultaten ein unsicheres Interpretationsfundament. Dass das Photomaterial oft nicht oder nur marginal in die Darlegungen der Forschungsergebnisse integriert ist, dass die Technik und Berechnungsmaßstäbe der Computerprogramme zur Photomanipulation fast nie dargelegt werden, unterstützt wegen geringer Anschaulichkeit die Oberflächlichkeit des Einblicks in die Forschungsarbeit. Die Beautycheckstudie stellt hier mit genauer Aufführung der Stammbäume der gemorphten Gesichter sowie recht ausführlicher Darlegung der Morphmethode eine erfreuliche Abweichung, dar. Fragwürdig ist generell die Überprüfung von Attraktivität als Indikator für die Partnerwahl per Ratingbewertung oder forced-choice-Verfahren auf Grundlage von Photos oder Dias, da Photos Distanz zum Gesicht schaffen, eher mit dem Bereich Medienöffentlichkeit als mit dem Partnerwahlbereich assoziiert werden und Attraktivitätseinschätzungen im Zusammenhang mit Partnerwahlprozessen in der Regel nicht über präsentierte Gesichter auf Photos oder Dias, sondern face-to-face im kleinen oder großen Freundes- oder Bekanntenkreis, in Ausbildungsinstitutionen, in Kneipen, Discos usw., erfolgen. Die Studien sind zumeist methodisch so konzipiert, dass rein nach Attraktivitätsniveau bewertet wird. Eine Verknüpfung von Attraktivität und Partnerwahl könnte man methodisch leicht durch Instruktionsabwandlungen herstellen, beispielsweise durch die Fragestellung, wie ein attraktiver Partner aussieht - oder im Falle des forced-choice-Verfahrens, wer optisch attraktiver ist und für wen man sich bei Aussicht einer Verabredung entscheiden würde. Durch differenzierte Fragebogenkonzeptionen zur vergleichenden Attraktivität bestimmter Gesichtsmerkmale könnte man auch dem Widerspruch zwischen Durchschnittspräferenz und Abweichungspräferenz auf die Spur kommen. Ein resümierendes widerspruchsfreies Ergebnis in Bezug auf die Frage, was Mann und Frau allgemein physisch attraktiv für die Partnerwahl macht, ist daher ebenfalls nicht möglich. Die Forschungsresultate lassen dennoch das Fazit zu, dass Attraktivitätsurteile zum einen Konsensurteile sind, Attraktivitätsmerkmale des weiteren als Unterstützung der „parasite theory of sexual selection" Merkmale für Immunkompetenz sind. Die konstatierten Defizite sowie die methodisch experimentelle Forschungsunsicherheit kann man als eine noch nicht ausgereifte Entwicklungsstufe des Forschungsbereiches interpretieren, der mit dem Boom empirischer Arbeiten erst ab Mitte der 90er-Jahre ja noch sehr jung ist.

(XI I I)

Literaturverzeichnis.

Literatur aus dem Internet.

❖ Braun, C./Gründl, M./Marberger, C./Scherber, C., Zimmer, A.: Beautycheck.

Ursachen und Folgen von Attraktivität. Regensburg 2001.

I nt er net adr esse

http://pcptpp030.psychologie.uni-regensburg.de/beautycheck/bericht/beauty_ho_zensiert.pdf

❖ Ronald Henns.: Publications.

I nt er net adr esse

http://www.uni-saarland.de/fak5/ronald/Publicat/Publicat.htm

Anmerkung

Die Aktualität der Internetadressen ist am 06/04/02 überprüft.

Literatur ausserhalb des Internets.

❖ Alexander, J./Stimson, W.H.: Sex hormones and the course of parasitic infection.
In: Parasitology Today.1988. Heft 4. S. 189 bis S. 193.

❖ Brunswik, E.: Wahrnehmung und Gegenstandswelt. Leibzig/Wien 1934.

❖ Burt, D.M./Perret, D.I: Perceptual asymmetries in judgements of facial attractiveness, age, gender speech, and expression.
In: Neuropsychologia. Vol. 35. S. 685 bis S. 693.

❖ Cacioppo, J.T./Petty, R.E./Losch,M.E./Kim,H.S.: Electromyographic activity over facial muscle regions can differentiate the valence and intensity of affective reactions.
In: Journal of Personality and Social Psychology. 1986. Vol. 50. S. 260 bis S. 268.

❖ Chen, A.C./German, C./Zaidel, D.W.: Brain asymmetry and facial attractiveness: Facial beauty is not simply in the eye of the beholder.
In: Neuropsychologia. 1997. Vol. 35. Heft 4. S. 471 bis S. 476.

❖ Darwin, C.: Der Ausdruck der Gefühle bei Mensch und Tier. Düsseldorf 1964.

❖ Dimberg, U.: Facial reactions to facial expressions.
In: Psychophysiology. 1982. Vol. 19. S. 643 bis S. 647.

❖ Eibl-Eibesfeldt, I.: Liebe und Hass. Zur Naturgeschichte elementarer Verhaltensweisen.
12. Auflage. München 1985.

❖ Ekman, P.: The face of man: Expressions of universal emotions in a new Guinea village. New York.

❖ Ellis, H. D.: Recognizing faces.
In: British Journal of Psychology. 1975. Vol. 66. S. 409 bis S. 426.

❖ Fauss, R.: Zur Bedeutung des Gesichts für die Partnerwahl.
In: Homo (Jena): 1986. Vol. 88. Heft 3. S. 188 bis S. 201.

❖ Fink, B./Grammer, K./Thornhill, R: Human (homo sapiens) facial attractiveness in relation to skin texture and color. In: The Journal of Comparative Psychology.
2001. Vol. 115. Heft 1. S. 92 bis S. 99.

❖ Folstad, L./ Karter, A. J.: Parasites, bright males, and the immunocompetence handicap.
In: American Naturalist. 1992. Vol. 132. S. 603 bis S. 622.

❖ Ford, C.S./Beach, F.: Patterns of sexual behavior. New York 1951.

❖ Franzen, A./Hartmann, J.: Die Partnerwahl zwischen Wunsch und Wirklichkeit: Eine empirische Studie zum Austausch von physischer Attraktivität und sozialem Status. In: Klein, T. (Hg.): Partnerwahl und Heiratsmuster.
Sozialstrukturelle Voraussetzungen der Liebe. Opladen 2001. S. 183 bis S. 206.

❖ Friedenberg, J.: Feature displacement and perceived facial attractiveness.
In: Psychological Reports. 2001 (88). Heft 1. S. 295 bis S. 305.

❖ Gangestad, W./Simpson, J.A.: Fluctuating asymmetry, sociosexuality and intrasexual competitive tactics.
In: Journal of Personality and Social Psychology.
1999. Vol. 76. Heft 1. S. 159 bis S. 172.

❖ Gowaty, P.A.: Evolutionary biology and feminism.

In: Human Nature. 1992. Heft 3. S. 217 bis S. 249.

❖ Grammer, K.: Signale der Liebe. Die biologischen Gesetze der Partnerschaft. München 2000.

❖ Grammer, K./Thornhill, R.: Human (homo sapiens) facial attractiveness and sexual selection: the role of symmetry and averageness.
In: The Journal of Comparative Psychology. 1994 . Vol. 108. Heft 3. S. 233 bis S. 242.

❖ Haigh, N.D.: Exploring recognition with interchanged facial features.
In: Perception. 1986. Vol 15. S. 235 bis S. 247.

❖ Hazlett, R.L./Hoehn-Saric, R.: Effects of perceived physical attractiveness on females' facial displays and affect.
In: Evolution and Human Behavior. 2000. Vol. 21. Heft 1. S. 49 bis S. 57.

❖ Henns, R.: Geschlecht, Alter und physische Attraktivität. Zur Urteilerübereinstimmung bei Attraktivitätseinschätzungen. Saarbrücken 1992.
(=Arbeiten der Fachrichtung Psychologie. Universität des Saarlandes, 163).

❖ Henss, R.: Gesicht und Persönlichkeitseindruck. Göttingen 1998.

❖ Jones, D.: Sexual selection, physical attractiveness, and facial neoteny.
In: Current anthropology. 1995. Vol. 36. Heft 5. S. 723 bis S. 748.

❖ Kenrick, D.T./Montello, D.R./Gutierres, S.E./Trost, M.R.: Effects of physical attractiveness on affect and perceptual judgements: when social comparison overrides social reinforcement.
In: Personality an Social Psychology Bulletin. 1993.Vol. 19. S. 195 bis S. 199.

❖ Knowner, R.: Facial asymmetry and attractiveness judgement in developmental perspective.
In: Journal of Experimental Psychology: Human Perception and Performance.
1996. Vol. 22. S. 662 bis S. 675.

❖ Knowner, R.: The perception and attribution of facial asymmetry in normal adults.
In: The Psychological Record. 1997. Vol. 47. S. 371 bis S. 384.

❖ Landau, T.: Von Angesicht zu Angesicht.
Was Gesichter verraten und was sie verbergen. Hamburg 1995.

❖ Langlois, J. H. Infant preferences for attractive faces: Rudiments of a stereotype?
In: Developmental Psychology. 1987. Vol. 23. S. 363 bis S. 169.

❖ Langlois, J. H./Roggmann, L.A. : Attractive faces are only average.
In: Psychological Science. 1990. Heft 1. S. 115 bis S. 121.

❖ Langlois, J.H./Roggman, L.A./Musselman, L.: What is average and what is not average about attractive faces.
In: Psychological Science. 1994. Vol. 5. S. 214 bis S. 220.

❖ Markow, T.A./Wandler, K.: Fluctuating dermatoglyphic asymmetry and the genetics of liability to schizophrenia.
In: Psychiatry Research. 1986.Vol. 19. S. 323 bis S. 328.

❖ Mazur, A./Halpern, C./ Udry, J.R.: Dominant-looking male teenagers copulate earlier.
In: Ethology and Sociobiology. 1994. Vol. 15. S. 87 bis S. 94.

❖ McKelvie, S.J./McLellan, B.: Brief Report. Effects of age and gender on perceived facial attractiveness.
In: Canadian journal of behavioural science. 1993. Vol. 25. Heft 1. S. 135 bis S. 142.

❖ Mealey, L./Bridgstock, B./Townsend, G.C.: Symmetry and perceived facial attractiveness: A monozygotic co-twin-comparison.
In: Journal of personality and social psychology.
1999. Vol. 76. Heft 1. S. 151 bis S. 159.

❖ Parsons, P.A.: Fluctuating asymmetry: An epigenetic measure of stress.
In: Biological Reviews. 1990. Vol. 65. S. 131 bis S. 145.

❖ Perret, D. I./Burt, M./Penton-Voak, I.S.: Symmetry in human facial attractiveness.
In: Evolution and human behavior. 1999.Vol. 20. Heft 5. S. 295 bis S. 307.

❖ Perret, D. I./Lee, K.J./Penton, Voak, I. : Effects of sexual dimorphism on facial attractiveness.
In: Nature. 1998. Vol. 396. Heft 2. S. 884 bis S. 887.

❖ Polak, M./Trivers, R.: The science of symmetry in biology.
In: Trends in Ecology and Evolution. Vol. 9. S. 122 bis S. 124.

❖ Rhodes, G./Tremevan, T.: Averageness, exaggeration, and facial attractiveness.
In: Psychological Science. 1996. Vol. 7. Heft 2. S. 105 bis S. 110.

❖ Rhodes, G./Yoshikawa, S./Clark, A./ et. al.: Attractiveness of facial averageness and symmetry in non-Western cultures: In search of biologically based standards of beauty.
In: Perception. 2001.Vol. 30. S. 611 bis S. 625.

❖ Rowatt, W. C. / Cunningham, M.R. /Druen, P.B.: Lying to get a date: The effect of facial attractiveness on the willingness to deceive prospective dating partners.
In: Journal of social and personal relationships.
1999. Vol. 16. Heft 2. S. 209 bis S. 225.

❖ Rubenstein, A.J./Kalakanis, L./Langlois, J.H.: Infant preferences for attractive faces: A cognitive explanation?
In: Developmental Psychology. 1999. Vol. 15. S. 848 bis S. 855.

❖ Samuels,C. A., Butterworth, G./Roberts, T./Graupner, L./Hoyle, G.:
Facial aesthetics: babies prefer attractiveness to symmetry.
In: Perception. 1994 Vol 23. S. 823 bis S. 831.

❖ Shackelford, T.K./Larsen, R.J.: Facial symmetry as an indicator of psychological, emotional, and physiological distress.

In: Journal of Personality and Social Psychology. 1997. Vol. 72. S. 456 bis S. 466.

❖ Swaddle, J.P./Cuthill, I.C.: Asymmetry and human facial attractiveness: Symmetry may not always be beautiful.

In: Proceedings of the Royal Society of London Series B-Biological Sciences. 1995.Vol. 261. S. 111 bis S. 116.

❖ Symons, D.: Beauty is in the adaptions of the beholder: The evolutionary psychology of human female sexual attractiveness.

In: Abramson, P.R./Pinkerton, S.D. (Hg.): Sexual nature/Sexual culture. Chicago 1995. S. 80 bis S. 118.

❖ Thornhill, R./Gangestad, S.W.: Human facial beauty, averageness, symmetry, and parasite resistance.

In: Human Nature. 1993. Heft 4. S. 237 bis S. 269.

❖ Thornhill, R./Gangestad, S. W.: The evolution of human sexuality.

In: Trends in ecology and evolution.1996.Vol. 11. S. 98 bis S. 102.

❖ Tooke, W./Camire, L.: Patterns of deception in intersexual and intrasexual mating strategies.

In: Ethology and Sociobiology. Vol. 12. S. 345 bis S. 364.

❖ Wedekind, C. Detailed information about parasites revealed by sexual ornamentation.

In: Proceedings of the royal society of London. 1992. Vol. 247. S. 169 bis S. 174.

❖ Westerbarkey, J.: Medienmenschen.

Publizistische Komponenten personaler Attraktivität.

In: Communications. 1995. Vol. 20. Heft 1. S. 25

Anhang. Gedanken zur Aussagekraft des Gesichtes.

Wir sind alle in unterschiedlichem Ausmaß von unserem Aussehen traumatisiert.
Die Diskriminierung des Gesichts ist viel offener und schamloser als die Rassendiskriminierung: Unsere Kultur versucht nicht einmal, ihre Vorliebe für bestimmte Gesichtszüge und Körperteile zu verbergen.
Michael Kinsley, Kolumnist des New Republic

Wenn es möglich wäre, den Kopf einer Bienenkönigin zu rasieren, würde ihr Profil immer noch königlich und dem anderer Bienen überlegen sein, und sie würde von diesen als überlegen erkannt werden. Wenn es möglich wäre, zwischen den Köpfen von Menschen und Bienen einen Vergleich zu ziehen, würde man vielleicht auf grundlegende Zusammenhänge im großen Alphabet der Physiognomik stoßen.
Lavater

The players take turns.
Mick Jagger has a stone face.
Tyne Daly has an arresting face.
Lassie has a fetching face.
Victor Hugo has a miserable face.
Cookie Monster has a delicious face.
Autor unbekannt.

Das Gesicht ist die Visitenkarte der allgemeinen Konstitution eines Individuums.
Ernst Kretschmer

Als große Schönheit kam ich nicht zur Welt,
Und wenn man viele auch für schöner hält,
So ist's doch meine Gesicht,
Und deshalb stört's mich nicht,

Es sind die Leute, die es quält.
Anthony Evers

Ach, wie schwer ist es, ein schlechtes Gewissen nicht im Gesicht zu verraten!
Ovid

Ich muß mein Gesicht vorbereiten, damit ich den Gesichtern begegnen kann, die mir begegnen.
T. S. Eliot

Das Auge eines Liebenden ist schärfer als ein Adlerauge.
Shakespeare

Das Gesicht ist der Spiegel des Geistes - und Augen bekennen, ohne zu sprechen, die Geheimnisse des Herzens.
Hieronymus

Wer würde glauben, dass ein so kleiner Raum die Bilder des ganzen Universums enthalten kann?
Leonardo da Vinci.

Augen, die matten Fenster der Seele, sagen viel über den menschlichen Geist.
William Blake

Er redet nicht, und doch führen seine Augen ein Gespräch.
Henry Wadsworth Longfellow

Die Augen der Menschen sprechen ebensoviel wie ihre Zungen.
Ralph Waldo Emerson

Oft liegen Stimme und Worte in einem schweigenden Blick.
Ovid

Eine besorgte Miene bringt oft vieles an den Tag.
Seneca

Das Erröten ist die eigentümlichste und menschlichste aller Emotionsäußerungen.
Charles Darwin

Das Gesicht des Menschen ist ein Gradmesser der Freude und der Heiterkeit, des Leides und der Traurigkeit.
Plinius der Ältere

In einem evolutionären Sinne können die wichtigsten Dinge leicht von einem Lächeln abhängig sein.
Melvin Konner

Ein heiteres Gesicht ist für den Menschen fast so gut wie Reichtum.
Benjamin Franklin

Tränen, eitle Tränen, ich weiß nicht, was sie bedeuten,
Tränen aus der Tiefe einer göttlichen Verzweiflung
Steigen im Herzen auf und sammeln sich in den Augen
Beim Anblick der heiteren Herbstfelder
Und bei dem Gedanken an Tage, die nicht mehr sind.
Alfred Lord Tennyson

Wie eine weiße Kerze
An einem heiligen Ort,
So ist die Schönheit
Eines alten Gesichts.
Joseph Campbell

Wenn man das Glück hat, einen Mund zu finden, der obwohl geschlossen, völlig entspannt und natürlich ist und wohlproportionierte Lippen zeigt, eine charakteristische Stirn, die leicht nach hintern zurückweicht und anmutig und fein geformt ist, mit einer sanften, beweglichen Haut ohne grobe oder tiefe Falten, so hat man ein Gesicht vor sich, an das man sich gern erinnert!
Lavater

Nicht ein Mund oder ein Auge machen Schönheit aus, sondern die vereinte Macht aller Teile im Gesamtergebnis.
Alexander Pope

Es gibt keine überragende Schönheit, die nicht eine gewisse Eigenartigkeit in der Proportion besäße.
Francis Bacon

Oh, welch ein Maß von Hohn liebreizend steht
Im Zorn und der Verachtung seiner Lippe!
Shakespeare

Zitiert nach und entnommen aus:
Landau, T.: Von Angesicht zu Angesicht.
Was Gesichter verraten und was sie verbergen. Hamburg 1995.